知识让世界更简单！

湛庐文化
Cheers Publishing

「マンネリ思考」を変えれば
仕事はうまくいく!

思维定式的“病”

[日] 日比野省三 斐元绫香◎著
张哲◎译

中国人民大学出版社
·北京·

目录
CONTENTS

引言

摆脱“思维定式病”的7大处方

当心“思维定式病”

作为员工，每天都需要不断做出决策。从向上级领导提交的报告书、协商文本、公司内部会议文案，到制定策划书、处理票据以及与客户洽谈等工作，都需要你做出决策。现在，各个公司大都开始对员工的业绩进行严格考核，很多人因此感受到了巨大的压力。

可是，如果你的思维方式落伍了，又会怎样呢？也许你希望做出正确选择，但却怎么也无法提高工作业绩。也许你无论怎么努力也想不出富有创意的好点子，想解决问题，却只能疲于应付。你是否也有过类似以上的经历？

实际上，人的思维方式受日常思维习惯的支配。每个人都是在不断成长的过程中，掌握思维方法，并在实际工作中实践的。也就是说，**每个人都是在不知不觉中就养成了自己的思维习惯，**

而且，当面临某种选择时，会下意识地运用这种方式去思考。

如果这是一种有效的、富有创意的思维方式，倒也不错，但实际上往往并非如此。时代总在变化，人的思维习惯却很难改变。如果还用旧习惯处理问题，那么无论怎样冥思苦想、殚精竭虑，仍会立即陷入僵局，反反复复，毫无进展，感觉怎么也摆脱不掉“思维定式”的束缚。

这种“思维定式”中存在太多的圈套。也许有人认为，这只不过是自己的思维方法没有更新、没有进步而已，算不上什么大问题。但是，很多人就是在这样的想法下，不知不觉地掉进了思维的陷阱。如果不能随着生活方式的变化而重新审视自己的生活习惯，就容易患上“生活习惯病”。同样，**如果一个人不能顺应时代的变化而启动新的思维方式，就会受到“思维定式病”的困扰。**

“思维定式病”是一个已经获得注册商标的新词。思维定式病会在人们毫无意识的情况下蔓延、恶化。如果不采取对策而任其发展下去，将会使你无论怎样努力也难以提高工作效率。危害还不仅仅限于此，它甚至还能够逼迫你停止思考，非常可怕。

以下就是7个典型的思维定式病的症状。

（1）先例依赖症

一旦没有先例、没有成功的案例可以借鉴，解决问题、研究课题时就无从下手。

（2）思考缺乏症

依赖工作手册和上级指示，丧失了自我思考的习惯。

（3）未来丧失症

被过去和现在的问题束缚住了，完全看不到未来。

（4）冰山一角症

一叶障目，因而看不到更为重要的事物的整体及其本质。

（5）信息肥胖症

受大量信息困扰，弄不清问题关键，找不出解决方案。

（6）慢性不信症

怀疑之风蔓延，人们的工作热情和创造力削弱。

（7）变化恐惧症

抵抗变化，反应过激导致采取错误的行动。

怎么样？大都被我说中了吧？ 本书将在各章中详细介绍这7大病症，同时以“突破性思维法”为基础，分别介绍有效消除这些病症的处方。

应对变化的“突破性思维法”

现在，由日比野省三先生和美国南加州大学名誉教授杰拉德·纳德勒（Gerald Nadler）先生共同提出的“突破性思维法”，作为应对急剧变化时代的“思维范式转移论”，已经得到了世人的广泛认知。

所谓思维范式，指的是思考方式的基本框架结构。我们所拥有的自信的思维范式并不是永远有效的，它会随着时代的发展而不断变化。而且，在当前这个变化剧烈、在过去的延长线上已经找不到未来的时代，必须具备可以应对这个变化的思维方式。“突破性思维法”就是在这样的前提下提出来的。

1990年，在美国出版的《突破性思维》(*Breakthrough Thinking*)获得了南加州大学最优秀出版奖，在全球范围内广受欢迎，并成为六个国家的畅销书。各发达国家的商业人士如获至宝自不必说了，其后，包括企业、行政部门、非营利组织在内的诸多领域都积极引进了这个方法，并取得了惊人的成效。

从第1章起，我们将把“突破性思维法”这个根据对世界上成功者思维方式研究得出的思维方法的精髓，演绎成治疗思维定式病的处方，并对其进行深入浅出的详细解说。让我们先在大脑中建立起“突破性思维法”的概念，然后再一起努力掌握这个突破现状的思维方法。一旦掌握了“突破性思维法”，你就可以摆脱思维定式病的束缚。而且，在激变的时代，这个方法还有助于你成为一名昂首阔步向前迈进的商业精英。

努力争当“7星商业精英”

本书的终极目标是希望读者能够实实在在地掌握“7星思维习惯”。在日本，深受大众喜爱的餐厅会被称为“3星餐厅”，借鉴这种说法，我们将要使你变身为一名“7星商业精英”。

你是不是正在慨叹，目前自己就连3星也算不上？不要紧，一旦掌握了新型思维法，再回望仍然抱着过时的思维习惯死命奔跑的竞争对手们，你会发现自己早就在不知不觉间跑到他们前头了。因为你选择了一条迂回包抄的道路。

所谓迂回包抄，就是要走出一条新的道路，就是要发现捷径，并且迅速向前。你的思维方式改变了，你的视点、观点也会随之发生变化，你会感到原来像座大山一样横亘在面前的障碍，一下子变小了，可以轻而易举地跨越过去了。实际上，**一个人的思维方式一旦改变，他就能够看到世间令人惊异的急剧变化**。而思维习惯是一种能够在很大程度上左右人的未来、不可小视的客观存在。

如果掌握了“7星思维习惯”，即便遇到重大问题，你也能够找到实现目标的答案。即便是在公司内部头脑风暴会议上，你的头脑中也能够一个接一个地不断涌现出具有创新性的方案和主意来。

当然，只有认清了自身存在的思维定式病，你才能够从容自如地应对原来让你大伤脑筋的上司或者下属。假如你意识到自己的上司患上了“先例依赖症”，不肯轻易接受新方案和他人意见，那你也仍然能够不急不躁地琢磨出应对他的办法。如果你能够在“7星”照耀之下巧妙地引导他们，说不定就能让他们也绽放出灿烂的光芒。这样一来，职场就将变得生气勃勃，更易取得成效，进而使你的星光更加灿烂辉煌，并形成良性循环。

从闭园危机中重生的新型动物园

"现在去动物园？就是去看看关在笼子里的动物？那多没劲啊！"

近十年来，受到娱乐项目多样化以及少子化的影响，日本各地动物园的游客数量不断减少，大都面临着闭园歇业的危机。不过这其中却有一家动物园与众不同，游人却不断增加，最终竟然超过了著名的东京上野动物园，稳坐全日本动物园的第一把交椅。这就是位于北海道旭川市的旭山动物园。

旭山动物园究竟用了什么魔法？是聘请了非凡的顾问，还是仿效了哪个国家的成功案例？都不是。秘密就蕴藏在以该园园长为首的全体员工的思维习惯之中。

案例故事

日本的大多数动物园都面临着闭园歇业危机，但是，旭山动物园中那些在任何动物园都能看到的动物们，却一跃成了引人注目的大明星。这一成果依靠的是该园全体员工上下一致的精诚努力，他们创造出了"行动展示"这种独特的展览模式。

关于动物园存在的目的，他们也曾经历过思考的阶段，认识到动物园对于人来说是一个非常重要的载体，所以必须通过自己的努力渡过这场动物园的生存危机。他们**重新从根本上思**

考了“为什么需要有动物园”这个问题。通过思考，他们认识到了需要把动物们生龙活虎的形态、把它们那独特的魅力展示给游人，应该充分利用各种动物不同的习性，让游客们看到动物们本来的样子。接下来，“什么样的动物园才能吸引游人呢？”“怎样的设施才适合动物生活呢？”他们仔细描绘出了动物园的理想形态。

而且，当与旭川市市长对话时，他们也抓住机会把自己的想法一一向市长说明了，即可以通过塑造动物园的理想形态以及展示野生动物的魅力等改善旭川市的整体形象。原本约定 30 分钟的谈话大大超时，竟然持续谈了近两个小时，充分表现出了员工们的热情，使添置划时代新设施的想法变成了可能。

他们的设想打动了游人。比如说，他们决定饲养帝企鹅，于是就详尽调查了帝企鹅的生态。根据企鹅的生活习性，精心设计出了适合企鹅生活的饲养设施，他们还特意在企鹅经过的通道上设置了一些障碍物，动物园的游客可以通过大水族箱中的弧形顶观赏到企鹅们避开障碍物奋力游泳的身姿，欣赏到它们在水中“飞翔”的情形。

还有，他们为好奇心强的海豹们设计了圆柱形水池，游客们可以和海豹面对面，近距离观赏它们在水中自由自在游泳的样子。另外，他们也根据北极熊的特点设计建造了适合北极熊生活的水池，游人们可以在这里看到北极熊跃入水里时那惊心动魄的场面。游人观察熊池所用的窗口也设计得别具匠心，在北极熊看来，向池中张望的游客头部就像它们的捕猎目标——海豹的头一样，可以刺激北极熊表现出在自然环境中的本能。

除了园内设施的改进，该园也给传统意义上的动物饲养员下了新的定义，即“饲育驯养员”。他们不再只是照顾动物了，而是担负起了向游客介绍、展示动物魅力的职责。不单是让动物们表演，他们自己也参加“演出”，那是一种分别展示动物和驯养员“表演能力”的联袂演出。而且，即使前来观看的游人很少，他们也从不懈怠，“一旦确定表演，就绝对不能找任何理由中止”，一定要认认真真地完成演出。刚开始时，饲育驯养员们还有些犹豫不决，但是经过不断努力，很快他们切实感受到了所取得的成果。

动物们掌握了一个动作之后，很快就会厌烦，所以驯养员们经常琢磨新的动作。每天都像开始一场新的战斗。

实际上，只要去旭山动物园看一看就会明白，很多游人会在各个场馆设施前长时间驻足，津津有味地观看。而在传统的动物园里，游人们大多只是走马观花一般地从动物的笼舍前走过去。所以，只要肯下工夫，即使是同一种动物，也能让游人从各个不同的角度全方位地观赏它们。

前来观赏的游客无不为动物们那灵巧敏捷的体态而感叹，也无不为动物们逗人喜爱的神态而兴奋地欢呼。动物园的经营者也不断想方设法地改进。更让人意想不到的是动物园竟然成了旭川市一个新的观光景点，为提高旭川市的整体形象做出了贡献。这就是局部的改善为整体增添了活力，形成了一个“全优体系”。

一个想法就能使情况骤然改变

当这样一个成功事例出现时，我们就会对以前传统的动物园感到不理解了，为什么此前的动物园一直是死气沉沉的呢？这是一个特例吗？难道取得成功只是机缘巧合吗？现在，很多公司去旭山动物园考察时，总会有人说：“哎呀，实在是太棒了！太令人羡慕了！但我们怎么也做不到这一点啊。我们可没有预算添置这么漂亮的设施……”说这话的人不在少数。其实当初的旭山动物园，也受到了少子化影响，平时去动物园游玩的孩子少了，更不会有那么多人特意跑到这么远的北海道来看动物。

现在，即便是到了冬季，由于旭山动物园展示企鹅生活习性的“雪中动物园”很受欢迎，因此前去观看的游人依然络绎不绝。比如，动物园利用企鹅会把企鹅宝宝留在“家”中长途跋涉去觅食的习性，吸引游人前来观赏，游人还可以在随着企鹅觅食的漫步中，锻炼身体。这样的计划在夏季是行不通的，因为路面上的石子会硌伤企鹅的脚，所以这是一项利用冬季积雪才得以实现的计划。同样的情况，可以成为你“能”或者“不能”的思考依据。

> 这家动物园的改革也并非一直都顺风顺水，他们也曾有过苦涩的经历，为吸引游客，他们也曾冥思苦索。比如，当引进了过山车等游乐设施后，一时之间游客数量的确增加了，但没过多久就又恢复了老样子。这使他们认识到，“动物园要是想在娱乐设施上跟游乐场一较高低的话，绝对没有胜算。”于是员工们转换了思维方式，“不能只是就事论事地思考。事到如今，我们必须站在长远的视点上，想一想什么才是我们心中的理想动物园。”

另外，也不能简单地模仿其他动物园。因为他们认识到，“如果园内有了新的珍奇动物或游客喜爱的动物的话，也许会吸引游客，会使游客数量增加。但是，形式上不能跟首都东京的上野动物园一样。我们可不是要复制一个上野动物园。我们要建的是北海道的旭山动物园。”

那时，只要当天的工作一干完，就会有十多名饲养员聚集起来，反复商量讨论直到很晚。经过一步一步的努力，他们终于描绘出了一个未来动物园的理想形态。

而且他们直截了当地提出了可以立即有效实施的方案，从原来总是说这也不行那也不行的自我否定式思维方式，转回到了根本点上来，更多地向未来学习，进行正面思考。即使在已经取得了成功的今天，他们仍然在想，“完全还没有达到目标呢。时不时还会出现错误的方法和做法，所以我们要不断地去思考，要不断地继续努力下去。”

牢牢抓住“7星思维习惯”的关键

冷眼旁观，你会觉得“他们干什么都挺顺的”。但实际上，良好的思维习惯是日积月累的结果。看看旭山动物园的例子，他们所取得的成绩正是不断运用良好思维习惯得到的回报。

我们可以看到，这家动物园没有受旧式动物园传统做法的约束，而是牢牢抓住了下面这些优良思维习惯。

（1）充分发挥旭川市的地域特性和动物的天生习性，重视与众不同的“差异”。

（2）重新思考和定义动物园存在的目的。

（3）具体描绘出未来动物园的“理想形态”，向未来学习。

（4）全体员工通力创造各种各样的新形式。

（5）紧紧围绕目标制定合理方案，收集相关信息。

（6）千方百计调动员工和游客的积极性。

（7）不断思考，酝酿新想法，保持可持续性发展。

按照这个思路去思考，就能够构架起一个出人意料的、无比灿烂的新型动物园。但是，实际到旭山动物园走访之后，也会有人说：“怎么会这么受欢迎？也没有什么特别之处嘛！”那么，对于当今娱乐生活如此丰富的人们来说，他们为什么要特意到日本最北端的这块土地上去呢？而且，为什么其他动物园也开始纷纷效仿起旭山动物园了呢？

让自己成为创新达人

简单地走马观花，随便评价一下“别具一格、与众不同、引人入胜”什么的十分简单。那么，这样的东西，你自己也能够首创出来吗？

比如说，对于形形色色的企业而言，最困难的就是开发新产品，因为大家往往会叹息没有好点子。于是，一旦看到别的公司做出什么好东西来，大家就会立即去模仿。

掌握自我思考的能力，并不像单纯指出问题、评价事物那么简单。**在今后，所谓至关重要的解决问题的能力，就是具有独立自主的首创能力**。我们见过很多这样的人，看到什么事例之后就轻易断言“这没什么了不起的”，但是自己却什么也创造不出来；这是因为，他们还没有从上一个时代衡量人和事物的尺度，即“能够指出问题、能够评价事物就是具有客观性眼光，就是优秀人才”这样已经陈旧的标准中摆脱出来。

如果你已经感觉到自己属于指出、评价问题型性格的人，那就请你有意识地使自己不要依赖过去的东西，设法养成独立思考的习惯，使自己成为一名创新达人。能够做到这一点，你就不会再只是漠然地评价事物了。你会自我思考，正视实际工作中的困难，并勇于向困难挑战。“你会因为困难重重、不愿意自己费力而依照他人成功事例去做呢？ 还是会为了找到自己的方法而认真思考？”这是人生态度的分水岭。**至关重要的一点并不是拥有一个成功的软件或者范例，而是要给自己的大脑输入一个良好的思维习惯。**

这样，你就不会觉得“这么小小的事例，没有什么关系”，而随意抛开任何要素了。无论是失败还是成功，蕴涵其中的思维习惯本身，就是最重要的启示。

7 星咖啡时间

你是否被成见束缚住了

请利用插图中的物品做成烛台，将蜡烛点燃后安装在墙壁上。注意，安装时请将蜡烛与墙壁平行。答案请用图解表示。

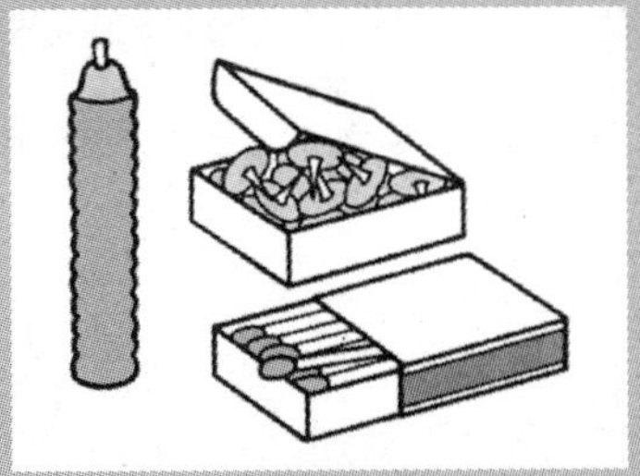

解答

这是德国心理学家邓克尔设计的“蜡烛问题”。要解决这个问题，必须“用图钉把纸盒固定在墙壁上，然后插上蜡烛”。问题的关键在于怎样发现纸盒可以当烛台。

试验分为两组进行，一组试验对象都得到整盒的图钉和火柴，另一组试验对象则只有空纸盒和图钉、火柴。接受试验的这两组人员，前一组一开始就把纸盒和火柴视为一个材料，几乎没有得出正确答案的。而后一组则把纸盒看做是装图钉和火柴的容器，轻松地就解决了问题。这个试验表明，当人们一旦把对物品的看法固定下来时，解决问题就会难上加难了。

在心理学上，我们把这种思维受到物品传统功能束缚的情况称做“功能锁定”。不只是功能，对于目的、价值观等也一样，人们一旦形成固定看法，就难以发现新的目的和新的价值观了。

通过学习或者经验所掌握的“思维习惯”也是这样。如果没有掌握新的视角和观点，原本可以轻轻松松解决的问题，也会因为受到过去经验和解决方法的制约，变成怎么也解不开的难题。

这个问题所展示的是把蜡烛做成“安装在墙上的壁灯”这样一种未来形象，要求利用指定材料实现目标。但是，如果你固执于以往所用过的方法，就解决不了这个问题。在思考怎样才能实现未来形象的过程中，只有当你不受以往使用方法束缚时，才能想到纸盒不只是装火柴的容器，还可以用来做烛台。这就是通过在头脑中描绘出未来的理想形态，从而想出利用手中现有材料的方法。

先例依赖症

病症　先例依赖症

↓

适用人群　没有先例可依、没有成功事例可循时则茫然无策的人

↓

处方　独一无二原则

病症 先例依赖症

模仿性思考的陷阱

家住日本鸟取县的江岛清正先生是大和号战舰被击沉后生还的一名士兵。他告诉了我一段关于大和号被击沉时的旧事。

案例故事

大和号在中国东海上受到联军猛烈攻击后沉没。我们被抛到了漂着乌黑浮油的海面上，大家拼命挣扎，想无论如何也要活着回去。这时，我发现海上漂浮着几张榻榻米。这些都是大和号上柔道场里的垫子。我迅速抓到了一张。跟我一同掉进大海的其他人都觉得这是个好主意，于是就一个一个地聚过来，大家都抓住了榻榻米。

不用说，被这么多人压着，不堪重负的榻榻米没过一会儿就沉下去了。一张榻榻米沉了，大家就又集中到了另一张上面。这张也沉了，全体就又浮在了海面上，于是再转向另一张，反反复复。

直觉告诉我这样下去太危险了，于是就离开了大家。正在这时，我发现前面漂浮着一段圆木头，于是拼命地向它游过去。一会儿之后，我回头张望，发现联军的战斗机正在用机关枪向榻榻米上的人群扫射。很多战友就在这样的机枪扫射中命丧大海。

所以说，为了活命而和大家挤在一起是没有用的……

当发生问题时，每个人都会参考一些事例找到解决方案。江岛先生在生死攸关之际，首先找到了榻榻米求生。同时落难的战友们看到了江岛的做法，一起效仿他去抓榻榻米。

我们把这种采取与他人同样方法的行为叫做“效仿式行动”（ME TOO Approach）。就是说，看到有什么人试着做了某件事情，一旦判断其安全可靠，就决定“我也一起做”。任何人都曾参照过以往或者当下的事例着手解决问题。

但是，这样的做法真的令人放心、真的就安全可靠吗？因为大家都聚在同一张榻榻米上，所以榻榻米沉了。一张沉没了就再转向另一张，所有的榻榻米结局都一样，因为不堪重负而沉到了海里。而且，正是由于大家都聚在一起，才成了明显的靶子，结果一同葬身海底。

这个故事可以原封不动地置换到商业领域之中。比如，我们把士兵们聚在一起的榻榻米比做一个市场。**每当一个新的商机进入市场后，众多企业就立即着手做同一种业务。**每当一件畅销商品出现后，类似的商品就会一下子充斥进整个市场。竞争日趋激烈，于是不断上演低价竞争战，导致谁也难以提高利润。你争我斗，必致对方于死地，其结果是竞争者们一起沉入海底。

习惯于采取“效仿式行动”的人，通常会有下述思维习惯：

1. 因为此前的做法成功，所以这次也会成功；
2. 竞争对手公司这么做了，我公司也得做，不能落下风！

这是养成了“因为有先例”、“因为大家都在做”这样的思维习惯，并且陷入其中不能自拔的结果。这会出现在决定企业的行动方针方面，也会出现在个人的职业生涯中。“周围的人都是这么做的，这是成功人士的先例，所以我也得这么干。”这就是名为“先例依赖症”的、最严重的一种思维定式病。

请试着回想一下自己的工作方法。你是不是总在说“没有时间思考”，总是手脚不停地按照以往的做法工作呢？这不就是以“这是领导说的”、“这是我公司的惯例”等为理由，沿袭着过去的做法“做工作”吗？可是，先例当真令人放心吗？先例当真安全可靠吗？按照先例的方法去做，就真的能够提高业绩吗？

先例早已不再是万全之策了

一张榻榻米沉没了，大家就扑向另一张榻榻米。江岛先生察觉到了这样下去的危险性，转而寻找新的救生方法，一段圆木终使他死里逃生。事实上，浮在榻榻米上最初也是一个有效的方法。但是，他发现了光是抓住榻榻米解决不了根本问题，他注意到了“变化”。我们必须牢牢记住一点，时时把自己置身于“变化”之中。而且，**在瞬息万变的今天，没有先例可以依循**。

在日本经济持续增长、变化速度较慢的时代，采取“跟风式”商业操作模式也能够取得一些成绩。的确，在“十年一个时代”的时候，无论是家用电器还是汽车，看到其他公司的动作后第二个，甚至是第三个跟风出击、打入市场也能够有所斩获。尤其是资金、经营实力雄厚的大企业，即便是跟风而动，也不难做到后发制人，超越先行一步的企业。

不过，科学技术在进一步向前发展，在人、物、信息全球一体化迅猛发展的今天，变化就成了家常便饭，无时无刻不在发生着。今日的世界变化无常，从“十年一个时代”演变为了“一年竟成往昔”。等其他公司有了动静再出击的话，就毫无利润可言了，只能在充斥着不当竞争的市场上拼杀一番而已。

为什么没有先例就会不安

众所周知，今天的世界变化日趋激烈。尽管如此，我们还是会因为“没有先例可以参考而感到不安”。

根据传统的思维习惯，人们往往以“相似”为依据，试图找出过去出现的类似问题，借鉴那时的解决方法。企业也是如此，一般大都会试图套用竞争对手公司的成功事例或是美国的成功模式，制定出本公司的经营战略。可能是他们觉得总会有什么相似的解决问题的方法，于是就漫无目的地四处寻寻觅觅，又或者会无休无止地向经营顾问咨询。

比如说，行政管理上是忙着召开“先进地区取经会”，企业中则是把“你调查竞争对手公司的情况了吗”当成了口头禅，而在国际合作项目中又往往是只要是“引进、推广发达国家的成功事例”就可以。这种种“重视先例”的做法在各个领域中都大行其道。

用学术语言表述的话，这就是所谓的“思考参照论”问题。也就是“每当思考事情时”，习惯于“参考点什么”。

如果我们翻看一下历史书籍，就会发现历史上也曾有过无论什么都以宗教为基准，事事以参悟“上帝旨意”去思考的年代。就连战争也是，如果说战争是“上帝的旨意”，那就理应英勇赴战了。其实即便是在现代社会也还是这样，信奉宗教者依然事事参悟“上帝旨意”。而且，自近代合理主义盛行以来，以参考“事实、先例”为准绳进行思考的思维方法便开始大行其道。

站在这种思维方法的延长线上，人们一旦认为“这就是事实，先例很好”，就会在脑海里烙下接受先例、按照先例行事的思维习惯。

而且，他们一旦没有先例参考就会感到不安，并立即陷入思考停滞的状态。这就是现代人的一大烦恼。这样的症状发展下去，就会导致没有成功事例可以依循时，就会惊恐不安，无法行动。这就如同酒精依赖症患者那样，不喝酒就手脚颤抖、无法工作，甚至无法思考……

“变化”摧毁了可资依赖的先例

但是，对于相似的事情，只要“照方抓药”就真的可以顺利解决了吗？在变化已成为家常便饭的今天，过去就是过去，与未来之间存在着巨大的差别。即便是表面上看似相同的问题，其人、物、信息等相互关系也完全不一样，三者的相互关系随着时间的推移都在发生着变化。今天就是一个以“相似”为基础思考问题者遭遇到险象环生的“无先例”时代。

所谓无先例，就是说你现在的参照事物已经变得陈旧了，已

经成为无用之物了。而且，一旦新的“事例”作为研究成果呈现在人们眼前时，这一新事例也就随即变得陈旧起来，因为这世界变化得太快了。

但是，有一点必须在此提醒各位注意，即事例绝非是没有意义的东西。从成功事例中学习其合乎情理的、良好的处理方法，对提高我们的积极性大有帮助。只要能够适当地加以利用，就大有参考价值。关键在于怎样把握“适当”的度。进一步说，不是沿袭先例，而是**“怎样创造出新的先例”，这是摆脱先例依赖症束缚最为关键的一点**。

我曾经与日本 7-ELEVEn 公司董事长兼 CEO 铃木敏文先生交谈，他给我讲了这样一段话。

> 我经常说的一句话就是，参观别的商店其实没有意义。不过，大部分人很难理解这句话的意义。大家会说，“看看别人的长处有什么不好呢？”当然了，参观本身并没有什么不好。但是，人有一种本能，就是一旦看到了好的东西就要去模仿。而“模仿”这种事非常不好。一旦去模仿，变化速度就减慢了，就不能超越原来的东西了。我们应该具有这样的思想，就是一旦看到了好的东西，一定要想方设法超过它。

“先例主义是未来的障碍”、“沿袭先例有风险”等观念，在社会上引起了热议。因此,人们萌生了“不能单纯沿袭先例”的意识。虽然如此,“好吧,你告诉我怎样做才能超越先例,才能创造出新的先例呢?”一旦涉及这样的话题,大多数情况是对方哑然无语,没有了下文。

看一看我们身边被称为“摆脱因循守旧、锐意进取改革”的成功事例吧。实际上大都仍然是原封不动地照搬丰田模式,采用的仍然是依赖于先例的解决方案。

先例依赖症包括两种情况,一种是在处理事情的过程中,深知自己正依赖于先例;另一种则是在不知不觉中从先例中进行选择,却丝毫意识不到自己已经被先例束缚住了。

潜移默化、附体上身的依赖性

请各位想象这样一种场面。

眼前摆着三只扣着的茶碗,魔术师把一个球藏在了其中一只碗下面,然后把三只茶碗快速换位,最后问你球藏在哪只茶碗下了? 你觉得自己一直死死盯着那个理应藏了球的茶碗,当然毫不犹豫地就指了出来。结果呢,那只茶碗底下并没有球。就在这时,魔术师竟然从你的衣兜里拿出了小球。

当然，这是魔术表演，要想猜中可没有那么简单。不过当猛然问到你“这三只茶碗，你选择哪一只”时，你还是会觉得“我的确看到他放到这只茶碗下了……”，终于选择了其中一只茶碗。可是答案却出乎意料。总之，无论如何你也猜不中的。

即使你自以为没有被先例束缚住，可实际上呢，你还是被牢牢束缚住了。但是，每当创造出新先例的人一出现，你又会立即觉得“不过如此而已”。这就是所谓哥伦布的鸡蛋。看到哥伦布把鸡蛋皮磕破后立在桌面时，你立即就会想到“那样的话，我也能啊”。但是，最初你自己就能做到吗？答案是否定的。

我们终于明白了这样的道理，“今天是一个在过去延长线上找不到未来的时代。”但是，现实情况呢？我们眼前总是不断浮现出先例，从而伸出了照搬先例的手，总觉得那之中应该有“未来”。一旦看到什么人打破了先例时，才觉察出自己又跟先例搅在一起了。**牢牢抓住你，怎么也摆脱不开的过去和先例具有一种“强大的魔力”，能够一次次把你重新拽回到先例依赖症中。**

请大家回想一下引言中介绍过的“邓克尔蜡烛问题”。一开始，当把纸盒连“火柴盒”放到试验者面前时，大家就被以前的做法束缚住了。因为大家只看到了火柴盒。当你找到解决方案，即把火柴盒作为烛台时，究竟经历了怎样的思考过程呢？请大家再回想一下，也许这其中正隐含着摆脱先例依赖症的启示。

举个例子，当被问到“冰箱的用途是什么”时，大家都会想，“就是为了冷藏、保存食物啊。这还不简单吗？还能干什么啊？”

为什么一般只考虑到了“冰箱只是冷藏、保存食物的容器”呢？这是因为大家还没有摆脱习惯性的思考方法。

一旦被眼前能看到的东西、传统的看法、先例束缚住了，那想法就会在大家的心里扎下了根，人的思路就会被抑制住。于是，也就不再思考眼前看不见的目的了。

大家不再寻找新的视角和观点了，但是谁也不觉得自己已经被传统的方法束缚住了。嘴上说着眼未来，但实际上只不过是在过去的延长线上思考罢了。就这样，“先例依赖症”无声无息地侵入到了自认为不是因循守旧者的肌体之中。

处方 独一无二原则

创造新的先例

如果没有先例可依，你的做法就是新的先例。正是因为没有先例对比，上级领导才会向你伸出大拇指，你的做法有益于应对眼前的变化。

但是也会有这样的情形，即便你有心超越先例，但猛然之间却不知道该怎么办才好。即便打算摆脱先例的束缚，有人也会因为深陷其中不能自拔而苦恼。那么，究竟怎样才能与先例依赖症告别呢?

根据突破性思维法，要想摆脱传统看法、摆脱旧有目的束缚，你需要重新审视自己的目的，只有这样才能获得新的视角和观点。比如，原来只认为冰箱是“冷藏、保存食品的容器”，重新审视后可以把它看成是“节省时间的箱子”、“催熟可口食品的箱子”。看到原本没有看到的东西，这就是破解被旧有认识束缚的第一步。

平时我们看冰箱，没有谁会认为“这是个节省时间的容器”。但是，一旦抓住了新的目的，我们就能够描绘出新型冰箱应有的“理想状态”了。

新的目标创造新的未来

“保存食品的冰箱应该是什么样？”从旧有的目标出发去想象，往往会受到传统型冰箱的限制和束缚，因此，我们需要从新的目标出发去思考。也就是说，一旦以目前尚不存在的“节省时间的冰箱应该是什么样子”为目标动脑筋思考，你就容易摆脱掉先例的束缚了。

又比如说动物园，如果将其存在的目的定义为“能够观看各种动物”，那么，看到一排排统一规格的兽舍中关着动物的传统动物园，没有谁会觉得有什么不对吧。因为不管如何，能看到动物就行了。但是，如果我们把动物园存在的目的重新定义为“展示动物生动的形态，感受动物的真实魅力”，那么仅仅把动物们关进统一规格的兽舍中，参观者就难以感受到动物们真正的魅力，也看不到动物们生动活泼的自然形态了。因此，我们就需要思考，“怎样才能够展示动物活生生的自然形态呢？怎样才能够使参观者感受到动物们的真正魅力呢？”从这一点出发，就容易开动脑筋去思考、去想象了。

正如前面说过的那样，借鉴成功事例、观摩好的事物并非徒劳无用之举。但是，优秀的先例具有令人落后于时代、被过去所束缚的魔力。人们一旦被这种魔力缠住了，就跟不上变化的步伐了。这一点与我们思考时习惯于回想“通常是怎么做的呢”情况也是一样的。“这很平常啊。当然如此了。”这样的想法下，人们也是按照已经过时的、陈旧定义的框框行事。

所以，在参考先例之前，在回想“平常是怎样做的”之前，务必先思考新的目标和“理想的状态”。对于“理想的状态”，我将在后面的章节中详细讲解。需要强调的一点是，**我们不是在过去的延长线上思考事物，而是要着眼于未来的终极目标去思考。**因为一旦明确了目标和“理想状态”，也就明确了应该怎样去看待事物，这样，看到了先例也不会盲从盲信，不会被过去所限制了。

先思考目的，再思考“价值观”

丰田汽车的创始人丰田喜一郎在创建日本汽车产业的过程中，并没有原封不动地照搬欧美模式。如果换成一般的企业家，看到世界先进企业福特汽车公司使用皮带传送系统，恐怕会不假思索地引进采用。但是，丰田喜一郎认真思考了自己的目的，并且研究了“为什么要使用皮带传送”的问题，最终得出丰田采用皮带传送系统是为了“不间断地输送产品”的结论。而且，“不间断地输送产品”的终极目标在于“及时制”（JIT）[①] 生产方式。

福特公司是为了“（一下子大量地）制造产品”而采用皮带传送系统。丰田喜一郎经过认真分析创造出了“及时制”这一全

① 及时制，Just in time，亦称实时管理制。——译者注

新的生产概念。这一概念后来成为大野耐一先生完成的“丰田生产方式”的基础。

在此，我们想请大家注意的是“不间断地”和“大量地”这样两种价值观的表述。通常，我们往往把目的和价值观混为一谈，但是按照突破性思维法，二者是明确分离的。

这里所谓的价值观，就是人在决定行动时的主观看法。即便是目的相同，但用“大量地”替换下“不间断地”的表述，就表明丰田喜一郎的“理想状态”不是转向大量生产，而是要“在必要的时间，仅仅生产必要量的产品”，这完全不同于福特公司的做法。

首先是思考目的，其次是充分思考目的的价值观，如此才能够创造出更新、更好的概念。

不要搞错“思考出发点”

一旦看到了丰田生产方式的优秀性后，就想立即引进采用的话，那你还是受到了先例依赖症的毒害。此时，我们应该掌握的方法是：找出新的目标，并通过描绘其“理想状态”养成“新的思维习惯”。

实际上，虽然很多企业都引进了丰田生产方式，但却并不一定都能取得成功。

特别是近来，无论说什么都要扯上“及时制”。你是否遇到过这样的情形：提货时被店员告知，“已经没有库存了，请你下次再来吧。”要知道，“及时制”是为了满足顾客的需求而制定的啊。在超市、在日常用品店也一样，顾客是在需要的时间里来购买需求的东西，而店家却让顾客“下次再来”，这可不符合服务业的经营宗旨。

这就是原封不动地照搬丰田生产方式所导致的结果。**“看到好的东西就想要，就原封不动地照搬照用”的做法非常危险。关键在于引进先进经验、制度时，不要搞错了“思考的出发点”。**首先要重新审视目的，要找出新的目标，从创造“理想状态”出发，这就是排除先例依赖症干扰的方法。

案例故事

E 公司是一家生产复印机的企业，有成百上千种零部件积压在库，为了清除库存，该企业决定引进丰田生产方式。但是，制造汽车的丰田公司和制造复印机的 E 公司存在着太多的不同之处。因此，E 公司需要重新审视分析“清理库存的目的”。

经过分析发现，E 公司的目的在于“把商品及时送到顾客手中”。总而言之，简单地引进丰田模式清理掉所有库存的话，显然不能达到 E 公司的既定目标。

汽车与复印机的制造过程各不相同。当时，E 公司经营着多种类型的复印机。为了生产出多种类型复印机，就需要随时随地拿到各种各样的产品零件。库存一旦清空，没有了“可炊之米”，生产自然会停止，也就制造不出客户订购的复印机。对于顾客而言，复印机是开展业务的保障。而对于E公司而言，必须在一定的时间内，将顾客需要的商品及时地送到他们手中，这才是至关重要的。

因此，事前分析自身独特的生产方式，不简单地套用丰田模式，就可以避免发生重大事故。

养成发现不同之处的习惯

在预防、治疗“先例依赖症”过程中，我们要遵循突破性思维法中的独特性原则，即“独一无二原则”。所谓独特，意思就是“特有的、独自的、无以类比的”，所谓**“独一无二原则”就是以“万物各有其特点”为基础思考事物的习惯**。

传统型思维习惯是以“万物皆相似”为基础生成的，与“独一无二原则”大相径庭。认为“相似”，就是肯定模仿的做法，就是去追随类似的问题和成功事例。正因为如此，所以我们要通过认识事物存在着“独特性”，改善自身原本就不应该有的依赖先例的肌体。

为此，作为具体的方法，我们需要养成“设定环境”的习惯。

“什么叫设定环境呢？ 我可不喜欢太麻烦的事啊。”你可能会这么说。其实没有什么复杂的。比如说，请你想一想商品开发吧。你一定会想到诸如“开发对象”、“投入市场”、“投放期间”等。在日常生活中也一样。就以购买汽车为例，从“有两个孩子的年轻夫妇、在东京生活、今后10年期间”的角度去考虑，和从“独身老人、家住北海道、今后3年期间”的要素去考虑，结果是截然不同的。这就是明确“设定环境”。

所谓**“设定环境”就是指在思考事物时，必须明确站在从某个人的角度去思考“立场问题”、“场所问题”和“时间问题”三点**。明确了“人、场所、时间”，将三者一起思考时，就能够发现所有条件中都存在着不同点。这样一来，你也就自然而然明白了解决问题的方法是各不相同的。

不可忘记的大原则“设定环境”

即便是确定引进丰田生产方式，制造业和服务业也存在着巨大差异。而同属制造业的丰田汽车和E公司，在制造工艺等方面也同样存在着种种不一样。明明“环境”不适宜，却硬要套用不适宜的外在形式，结果将是很危险的。原因何在呢？因为**“环境”（主体、场所、时间）不相同，至为重要的目的也会随之发生变化。**

下面以手机为例来说明，先单纯探讨使用目的。对于商业人士而言，使用手机的目的就是“迅速地推进工作”；对于小学生来说，其目的是“方便与家长保持联系”；而高龄者使用手机的目的就是为了“确保安全”。“主体”不一样，其目的也会随之改变。当然了，考虑到时间和场所要素时，也有可能这三者具有同一目的。比如当发生地震灾害时，三者的目的都可归结为“确保安全”。

另外，即便同是商业人士，也有个人的私人时间和工作时间的区别，“时间”要素一改变，目的也会随之发生变化。我们可以继续探讨拥有手机的目的，比较一下在私人时间里给爱人打手机与在工作时间内打手机向上级汇报工作的目的。

我们把追问目的称做“展开目的”。关于这个问题将在第 2 章进行详细说明。思考目的并不是我们要找出唯一的答案，因为通过展开目的后即可以明白一个道理：目的因人而异。

此时，如果无视“设定环境”而盲目套用的话，会出现怎样的结果呢？对于一位商人而言，他可能会对上级“窃窃私语示爱”，或者催促女友“赶快决定”。而上级听到他“缠绵示爱”也许会感到很不舒服，说不定会把他调到其他部门去；而被催促从速做出决定的女友怕是会离他而去。

不顾“设定环境”的不同而生搬硬套，必将导致可笑的结局。不考虑“设定环境”和目的而照搬先例的做法，必将犯下危险的错误。

“设定环境”如主体、场所、时间等变化了，目的也必定会随之发生变化。所以说，**我们首先要牢牢记住的是，务必搞清楚所“设定的环境”。在通常情况下，出发点就是从“设定环境”开始的。**

"设定环境"是探求最佳目标的第一步

创造新的未来就必须找到新的目标。为此，需要通过"设定环境"找出对象，并且牢牢地锁定对象，这是找到最佳目标的秘诀（见图 1—1）。

设定环境	设定环境
主体：商业人士 场景：情侣会面 时间：私人时间	主体：商业人士 场景：向上级汇报工作 时间：工作时间
展开目的	**展开目的**
打手机	打手机
（其目的？）↓	（其目的？）↓
建立关系	汇报工作
（其目的？）↓	（其目的？）↓
愉快聊天	确认联络事项
（其目的？）↓	（其目的？）↓
窃窃私语	主动提出协商
（其目的？）↓	（其目的？）↓
弄清对方想法	斟酌战略
（其目的？）↓	（其目的？）↓
加深爱慕	催促领导决策
（其目的？）↓	（其目的？）↓
……	……

图 1—1　目的随"设定环境"的变化而变化

上述展开打电话目的的做法并没有使用什么特殊的表述，就如同初次接触突破性思维法的人也能够理解这种思维方法一样。实际上，在想出新的概念、新的商品时，是需要在“组织巧妙的语言”、“构思新的形象”上下工夫的。

但是，即便是这样简单地推导，只要经过反复周密的思考，也能够产生出新的概念，勾勒出新商品的轮廓。比如说，是不是可以设计一款能使用户成为“恋爱高手”、加深情侣情感的手机呢？或者是设计一款安装了汇总战略系统软件的“优秀战略家手机”呢？

“再添一款这种手机就好了”、“把这种手机送给他（她）当礼物吧”，或者“应该让我的员工用这种手机”等，把这样的新款手机摆在店里，说不定会引发顾客的购买欲望。

一旦“设定了环境”，就明确了你与别人的不同之处，于是就可以孕育出与这种特定环境相适应的新目的。它不是受先例牵制的一般性见解和产品，而是与众不同的独特见解和产品。而且，它将成为知晓“万物皆不相同”的 7 星商业精英的出发点。

开动脑筋，发现引人入胜的目的

前面，我们几次提到了“节省时间的冰箱”这个话题，实际上，这是三菱公司在开发“无须解冻的冷冻、冷藏冰箱”时的目的。

开发小组当初把“设定环境”的主体确定为“主妇”层。但是，当时正值日本经济大萧条，主妇们都把钱包捂得紧紧的。实际上，60名开发人员之中，自己打算换冰箱的人一个也没有。而最有可能购置新冰箱的，是“新婚的双职工夫妇”。

这样，在进行“展开目的”思考时，他们发现了“节省时间”这个目标。对忙于工作的新婚夫妇而言，最宝贵的就是时间。因为他们没有时间从容购物，所以大都会囤积大量冷冻食品。不过，要想化开冻得梆梆硬的食品很费时间。如果冰箱能够把食品冻成取出来立即就能切开的程度，岂不是很节省时间吗？下班回家后，从冰箱中取出生鱼片，夫妻二人即可以美美地相对小酌一杯。这不是就能够为他们多少节省出一些时间吗？“设定环境”一经变化，目的也就随之发生了变化。新的目标孕育出了新型冰箱的“理想状态”。

开发者后来讲述了这样的感想：

> 冷冻食品需要解冻，这是常识，是理所当然的事情。其实这样的认识是制造者强行加给消费者的概念。当考虑到冷冻、冷藏冰箱的目的是“节省时间”时，你就会察觉到过去的认识是多么不靠谱了。

现在，这一款新型冰箱已经开发成功，技术成熟，而且早已经完成了商品化，不仅仅为新婚的双职工夫妇所用，而且也成了深受家庭主妇们欢迎的热销商品。说到保存食品的冰箱，现今已经有很多种了。但是，“如果能节省时间我就想买”，这就是挖掘消费者的新需求。在这以后，“催熟可口食品的冰箱”也诞生了，新的目的会催生出新的商品。

当我们“设定环境”时，很多人似乎会觉得归纳焦点问题难以操作，会有“把这个对象也纳入其中，把那个状态也考虑进去”之类的欲望。但是，一旦把范围扩大，就很容易导致对什么人都大致适用、而对什么人又都不太合适的危险。**归纳出焦点的秘诀就在于，要用心找出滞销商品，找出谁也不想买的商品。**前面讲过的冰箱就是这样，正是聚焦于没有富裕时间的新婚夫妇，才得以找出新的目标。

引人入胜的目的助你开发创造力

我们再进一步发挥一下想象力。一旦在心中勾勒出“节省时间的冰箱”的形象之后，我们就能够把它制造出来了。比如说可以把集冰箱、微波炉、厨具于一体的餐桌设计成紧凑的细长型。这样一来，冰箱这个大家伙就不必占据厨房太多的地方，一下子连空间也能够节省了。拉开桌子的抽屉，就能拿到冰镇的啤酒；原本是保存食品的抽屉转瞬之间又可以变成微波炉，一打开抽屉就能够烹饪，为我们节省了大量的时间……

另外，也可以把保存农作物和商品的仓库、运输车等制成“催熟可口食品的冰箱”，这样就可以把最好最美味的食品送给消费者了。人的奇思妙想是可以无限延伸的。

找出新的、优秀的目标，描绘出未来的“理想状态”，只要养成这个习惯，前所未有的想法、主意就会源源不断地涌现出来。你的可能性、你的未来就可能又快又稳地扩展开来。

切断先例依赖症的锁链

现在，让我们把视角转向普通的日常工作。在召开会议的方法、经营的方法、开展工作的方法以及思考事物的态度等方面，很多人早已经形成习惯了，而且，一直在沿用过去养成的坏习惯。如果有这样的上级，很有可能你也会在不知不觉中养成被惯例束缚的思考方式。说不定你的下级也是在以你为榜样工作行事。

会说“有可能成功，试试吧”这种积极进取型的领导与总认为“没有先例啊，能那样干吗”这种遇事推委型的领导相比，二者的员工业绩是不一样的。如果单位里多数领导具备富有创造性、充满活力的思维习惯的话，其下属自然也会学习他们的作风。

无论是什么人，都必须防止养成坏习惯，但这可不是随便说一下就管用的。你必须培养起新的思维习惯，遇事必须切切实实地思考。当这种认真的态度和创造性思维习惯逐渐培养起来后，你自己才可以充分享受到一个快乐、轻松的工作环境。千万不要忘记，在处处依赖先例行事的社会中，如果你“总是强调这个不行那个不行的理由”的话，说明你已经成为束缚自己的先例了。

处方笺 1

摆脱“先例依赖症”

- 明确“何人、何处、何时”三要素，就能够找出独特的解决方案。
- 请你首先从“设定环境”开始。

7 星咖啡时间

向模仿式思维挑战

丸山先生经营着一家温泉旅馆。一天，服务员仲居很不高兴地来找他。原来是一位外国客人对旅馆规定的限早七点到九点用早餐的规定感到不满意。仲居对他说："实在抱歉，请您务必在规定时间内用餐。"可是老外非常生气，忿忿地说："这里又不是学生宿舍。我希望从从容容地享受上午的时光。在我们国家，任何一处观光地区都不会催促客人用餐啦，收拾被褥什么的。"

对于此事，旅馆的相关人员有如下反应。

山口："老外太任性，真不好办。应该入乡随俗嘛。"

下山："我们哪能跟外国的观光旅游地一样啊。日本的旅馆不都是这样吗？"

纪美："我可是按照规定时间整理收拾的。不就是一位客人嘛，他不能遵守我们的规定的话，别吃早饭不就得了吗？"

定爷："今后啊，尽量别接待老外了。"

看到员工们的反应，丸山先生认真思考了一番。作为旅馆业经营者，什么是必须牢牢记住、不能忘记的呢？ 究竟是什么呢？

解答

客人就是主体！从前面说的旅馆员工们的反应来看，他们是把自己当成主体了。从他们自己的角度看，安排有序，按部就班地工作还能是问题吗？

但是，从顾客的角度看，旅馆的“理想状态”究竟应该是怎样的呢？

首先“设定环境”。我们需要重新提出问题，“谁是主体”、“是什么时间”以及“发生问题的场所”。回答如下，不是“其他旅馆”的问题，也不是“过去的旅馆”怎么做的问题。通过分析，他们弄清楚了必须找出解决针对“丸山旅馆”问题的方案。比如以“顾客是主体、时间限定在今后十年、场所是丸山旅馆”作为问题，即可以着手讨论研究。

“日本的旅馆都是这样啊”，现状也许的确如此。但是，丸山另有考虑。因为是外国客人，所以是不是应该例外呢？近年来，日本的客人也变得多样化了……从顾客的角度考虑的话，什么样的旅馆能够让客人真正地享受轻松呢？

乍一听，这就是常见的顾客抱怨而已，而且周围的员工们是那样的态度。不过，丸山先生决定利用这个契机，重新考虑一下自家旅馆的根本，考虑一下自家旅馆的“理想状态”。

思考缺乏症

病症 思考缺乏症

↓

适用人群 唯工作手册和上级指示是从、丧失了思考习惯的人

↓

处方 展开目的原则

病症　思考缺乏症

照本宣科导致恶性循环

不可能发生的事情居然轻易就发生了。这背后隐藏着不能自我思考者们令人大伤脑筋的思维习惯问题。

核事故就是其中一个最不应该发生的事例了。但尽管如此，核事故还是不断地发生，其中就有日本茨城县东海村的临界核辐射事故。根据当时的报道，是由于操作人员按照内部的错误操作规程进行了极其危险的违章操作，才引发了一起本来不该发生的事故。

核燃料加工公司未经国家许可擅自变更了作业规程，甚至修改了操作手册，其中包括作业人员使用不锈钢容器手工搬运铀化合物等，整个作业集体都在违章操作。而且，这一违章作业竟然从四五年前就开始了，就连那份内部操作规程也是两年前追加完成的。据说事故发生时，员工就连这样的内部操作规程也没有遵守，把本来应该送进储存塔中的液体手工灌进了沉淀池，简直是非常幼稚的错误。

就像缺乏运动会养成不良生活习惯一样，缺乏充分的思考是造成思维定式病的元凶。员工如果能认识到自己所从事作业的本质的话，就会意识到这种做法毫无道理，但是，他们一想到必须按照手册操作，就放弃了自己的想法。这个事故之所以发生，是因为操作手册本身已经被改错了，员工们却还在不加思考地忠实于按照这样的错误手册操作。造成事故的当事者们也许是在尽心尽力地工作，但是，他们在最为关键的思维习惯上发生了问题。

> 看一看ISO的想法我们就能够明白：检查时，ISO会问员工是否忠实地执行了操作规程，被检查员工一旦进行了超出工作手册之外的操作就要被追究责任，所以操作人员必须照章行事。“不能用自己的眼睛观察，不能用自己的头脑思考，不能一边动脑筋思考一边工作”，这样的思维习惯一旦固化在员工的头脑之中，就很难再摆脱它的束缚了。

员工们一旦养成了依靠手册行事的习惯，“思考缺乏症”就发作了，并且会使他们陷入无论做什么都依赖手册的恶性循环。如果员工能够稍稍关注一下自己作业的目的，照理说应该可以察觉出自己现在要做的事情是不是合理，应该能够明白这样是不是很危险。之所以没能发现问题，是因为他们没有用自己的大脑想一想“为了什么”、“目的是什么”，他们已经丧失了用大脑思考的习惯。

除了这样深刻的教训，我们经常还可以听到手册主义给其他行业带来的弊端，比如服务业就有因为事事照章行事，而忽视顾客主体的事例。尽管如此，不得不依赖手册的状况依然比比皆是。

谁在关闭“思考开关”

当然了，作业手册在帮助所有员工达到一定的业务水平、提高工作效率等方面具有自身的价值。但是就像茨城县东海村的核事故那样，机械地“照章行事”的工作体制，又会使员工的思维逐渐僵化，最终导致危险的状态，即员工丧失了思考能力。当然，手册体现出了“一定的水准”，比如它标示相关人员应该达到最低限度的共通认知水平，但是实际上这还远远不够，手册水准只不过是最基本的起点。

一旦认为理所当然应该按照作业手册行事，人们就会变得对只要稍加思考就能够明白的事情也想不出所以然了。不少人免不了会说出像“这个操作手册上可没有”、“什么临机应变啊，哪有那么简单啊……”等缺乏思考性的话。不习惯自我思考的大有人在。

案例故事

几位高中老师向我抱怨。“我们老师一起商议‘要制定一个手册’。尽管大家一个劲儿地反复讨论，但是一直没有超出固定的框架。我们觉得即便是手册自身落后于时代了，即便不限定仅适合于当前的问题，也还是要考虑怎样利用手册解决问题。”

几位教师原本准备充分思考后得出一个结果来的，但是因为没有想到点子上，没有考虑“我们这样做”的本质，没有考虑这件事的根本是什么，仍然难脱陷入慢性“思考缺乏症”的窠臼。

如果连教师都想依赖手册办事，那么学生也就只能如此了。“完全就像与上个时代的机器人打交道似的”，某个公司的人事主管说出了他在面试时产生的奇特感受。参加面试的学生们完全背下了补习学校编纂的面试手册，有很多应试者回答问题就像宣读手册原文一样。甚至还有这样的情况，就连“你最喜欢的食品是什么”这样极其简单的提问，竟然也有人回答说“不知道”。看来是应试手册中没有这个问题吧。据说，当今最新型的机器人也能够富有幽默地、随机应变地回答问题了呢。

你是不是感觉到自己平时也有点依赖手册呢？而且，你是否会觉得反正已经这样了，没有什么办法了？

但是，在日常生活中假如你真的事事处处依照手册行事的话，按说今天就不会拿着这本书看了。所以，你还不是一个非得按照手册采取行动的人，你的确在思考着什么，所以才来看这本书。

不过，人们一旦拿到了操作手册，大脑就会发出不必自我思考也行的信号。你深深相信没有手册就不行，随即关闭了“思考开关”。虽然存在着各种各样的看法和解决问题的方法，但你对这些问题的思考一概都停止了。

尽管如此，并不等于说你就是一名不能进行真正思考的人了。即便是自认为属于手册依赖者、对手册依赖者无可奈何，也并不是说你就属于因为没有思考能力而依赖手册的人。你只不过是接通了深信没有手册就寸步难行，以及不那样做就别无他法的开关而已。

给制造“反应型人才”刹车

请大家想一想涂写包含 200 道题、60 分及格的机读卡答卷时的情形吧。

案例故事

在补习学校，学员们接受了快速涂写记号回答问题的训练。

与培养学员从容、仔细地思考问题内容的能力相反，这是一种培养人怎样快速做出反应的训练。对于文豪的作品，学员们也不能设想“可以有各种各样的解释”，而是必须从所提示的几种选择之中选出“作者想的是什么”。还曾出现过这样的事情，就连作者回答关于自己的问题时，也出现了没有答对的情况，真是可笑之极。

但是，接受训练的孩子们却一定要在所给的几种选择答案中选出一个“正确答案”来。这时你要是仔细揣摩思考的话，那可就吃亏了。因为能够条件反射般地快速选出“正确答案”的才是“聪明的孩子”。孩子们上补习学校就是为了接受这种“如果是A则B”、“如果是B则C”的条件反射型的快速反应训练。除了涂写机读卡，应用题也被一一设计了标准答案，本质是什么先不去管它，只要记住了解答方法就行。

要做到这一点，就必须先关闭“思考开关”，因为只有这样才能成为“聪明的孩子”。

就这样，大批的“反应型人才”被培养了出来。无论遇到什么，立即产生条件反射，别的什么也不想。因为对于他们已经没有思考的必要了。

“反应型人才”就是慢性“思考缺乏症”的患者。只要“思考开关”处于OFF的位置上，他们对于每天接收到的大量信息也就仅仅只是“应激反应”一下而已。他们的思考开关没有复位到ON，也就不能正确地把握信息，只能按照被授予的观点观察事物。这样被

“制造”出来的“人才”，怎么能应对得了当今这个时时变化着的时代呢?

过去，按照上级指示行动的人都顺利地取得了成功，不过，那样的做法也许在公司成立初期还行得通。但是，在今天这样已经没有先例可循的时代，要求人们随机应变、灵活决策的事情层出不穷。面对纷繁复杂的问题,绝对不能简单地回答“如果是A则B”。而且，也并非事事都只回答出一个“正确答案”就可以了。各种事物都处在不断变化之中，解决问题的方法只能在各个不同的现场产生。而照章办事、等待指示行事的旧套，在当今的工作场所就难以维继下去了。

开动脑筋，主动思考

有不少企业已察觉到了这种状态的危险性，提出了要摆脱作业手册的束缚。总之，当务之急是培养出能够自我思考的人才。能不能完成这一课题，毫不夸张地说，是能否把握企业发展的关键。

另一方面，对于企业员工也一样，不能把自己的人生都寄托在公司里，有很多人正在奋力学习、努力获取各种各样的职称和专业技术。这些的确都是非常了不起的奋斗，但是光是获取资格、掌握技能还不够。**在成为到哪里都行得通的通用人才之前，最为关键的还是要先成为一名能够进行自我思考的“思想者”。**

那么，怎样才可以称得上一名能够自我思考的人才呢？其实，思考开关置于ON的人就在你的周围。

比如说，那些登上了电视话题节目的有识之士，还有积极参加这类节目的普通市民。他们看待一件事物总是会深思熟虑，抱有多种见解。他们甚至具有专业知识，问题意识极强，能够一针见血地指出问题的要害。这些人是否都可以称为与思考缺乏症无缘的“思想者”呢？

很遗憾，并非如此。这种误解使现代人在不知不觉之中就感染上了思考缺乏症。

这类电视话题节目的结构各式各样，我们以关于现代年轻人为话题的讨论节目为例吧。

案例故事

在一档关于“尼特族[①] 问题”的节目中，先播放了一段录像，介绍了已经有5年尼特经历的A的日常生活，然后通过采访传达了A过上这种生活的经过以及想法。

接着，画面切换到讨论现场。从“对富裕一代的娇惯”、“应该让尼特族懂得吃苦”等话题开始，有识之士们站在各个

① 尼特族：不升学、不就业、不进修，终日无所事事的青年族群。类似啃老族。——译者注

不同的立场上侃侃而谈，说出的无非是诸如“究竟是谁使今天的日本成为这个样子”、“政府在干什么”、“元凶是家庭”、“是孩子们不喜欢学校”、“已经有了尼特族对策机构，我们努力吧”之类的话，节目现场的市民们也纷纷表明自己的观点。时间就在这样的环境、气氛之中一点点地流逝了。而且，节目中还发表了根据观众发来的意见和问卷调查得出的“普通人的看法”。

节目的结尾，总是会有个什么人做出总结陈词：“现在，到了应该反省我们的行动方法和生活方式的时候了。”又或是“今后我们应该怎么做呢？每个人都必须认真思考我们现在能做的事情！”等等，然后节目圆满结束。

能指出问题的就是“能人”吗

通过这样的讨论，我们看到现实中存在的问题了。但是，这样就能得出解决方案吗？节目的结尾提出了“应该反省行动方法和生活方式”，“每一个人都必须认真思考我们现在能做的事情”。那么，何时谈一谈“重新思考的行动方法和生活方式”及“现在能做的事情”呢？何时以及怎样提出冥思苦索得出的主意呢？

还不只是这样的话题类节目，各位平时与他人谈话、协商问题时也一样，大都是“首先提出事例，然后分析现状，归纳出焦点问题，最后站在各自的立场上设计解决方案”。这之中最为关键的一点是，怎样开展令人信服的、有效的行动，所以需要问及参加人员的响应能力。

以我们讨论的“思考缺乏症”问题为例来说明。对于依照手册行事的、条件反射式快速反应的、等待指示行事的人，是不是也都是这样做的呢？首先分析一下令人烦恼的现状，再描述一下存在着怎样的问题，就能够使日常对这一现象感到头疼的人群高兴起来了吗？与依赖型人群不同，对于任何事物都能够正确地提出批评的，是能够充分思考的人。正因为如此，能够想出解决方案的不就是“打开了思考开关的人”吗？

所以说，如果真的掌握了新型思维法，仅仅止步于提出问题是不完备的。

打开最为关键的“总开关”

为什么这么说呢？请大家再重新回想一下这种模式的思考过程。“首先提出事例，然后分析现状，归纳出焦点问题，最后站在各自的立场上设计解决方案。”出发点是事例。怎么样？明白了吗？只要是从过去或者当前的事例出发，就存在患上“先例依赖症”的危险。

“设定环境”不同的话，目的也会随之变化。明知如此，若我们还是在“设定环境”和目的零乱纷繁、模糊不清的状态下探讨问题的话，这个讨论就将永远没有尽头。虽然你打算把“思考开关”置于ON的位置，但是却把最重要的“根本开关”设定在了OFF上，所以即便是你想思考，实际上也想不到关键的根本之处。

能够分析现状，指出焦点问题，这只不过是“打算思考”，而实质上这仍然还是令人烦恼的“思考缺乏症”。

“应该反省我们的行动方法和生活方式”，“每个人都必须认真思考我们现在能做的事情”。这不是结论，这只是思考的起点。

一般而言，若想**寻求对任何人都适用的普适解决方案，那就是“无解”**，因为目的会随着“设定环境”的不同变化，“理想状态”也会随之变化。一旦有人断言“尼特族都是懒人”，准有反对者站出来反驳“那可不一定”。而此时，光是赞同地说声“是不一定啊”还没结束，你还需要举出有“懒尼特”和“勤快尼特”的例子，必须明确“设定环境”之后，才能够不折不扣地得出解决方案。

比如说，当你介绍摆脱了尼特生活的B时，说到底，B的事例也只不过是发生在特定场合的特定问题和特定的解决方法。即便这件事做得很漂亮，也不是一个可以适用于所有人的方法。当然了，在介绍“先例依赖症”对策时讲一讲具体事例，作为启发他人的思路也无妨。但是请记住非常重要的一点，你的解决方案还是必须靠你自己去制定。

以往的话题类节目，从描述现状、让人们认识过去和当下存在的问题这个层面上说，还是有其意义的。只不过是对所提出的问题大都没有得出具体的解决方案。这样下去，问题会越积越多，人们也就感到越来越压抑了，进而会使人们感到渺渺茫茫看不见未来。

处方 展开目的原则

下载安装新软件

人们一旦患上“思考缺乏症”，即使说“先考虑一下”，也往往不知道究竟思考什么内容才好。另外，即便是打算认真思考，也常常会因为不具备合乎时代潮流的思维习惯，而难以得出令人满意的结果来。而对于原本就没有思考习惯的员工来说，即便是让他们“考虑考虑”，他们也往往会用“不知道怎么考虑”几个字就简简单单地回绝你了。

为了预防生活习惯病，我们采取的一项重要措施就是，针对现代生活方式“不断地进行适当的运动”。同样，预防思维定式病也需要顺应新的时代“不断地进行适当的思考”。

人总是这样，即便是你已打算思考了，也往往只是止步于“我也想去思考”而已，结果还是想去寻找什么事例作参照。或者也许是在分析过去和现状之后，打算彻彻底底地思考了。不过，当今的变化速度很快，有时你在进行分析的过程之中，那个事实已经变得陈旧了。原以为看清了过去和现在的情形，按照常理应该可以推导出未来的变化，但实际上并非如此。这种**打算从过去和现状看清未来的想法，必将引发思维定式病。**

"究竟应该怎么做才能够创造未来呢?"你是不是感觉摸不着门儿?我给你的建议就是在你的头脑中安装"设计方法"软件。计算机也是这样,只用一个软件的话,你能做的运算是极为有限的。如果装上了各种应用软件的话,就能够轻松顺畅地实现目标了。

让你放心不下的就是关键问题

一个主动思考者具有解决各种问题的能力。但是,正如引起茨城临界核辐射事故的当事者们并没有把他们的危险操作当成什么问题,因而也没有采取任何措施一样,怎样认识"问题"本身,及能否将其作为"课题"加以研究处理非常重要。让你感到焦虑不安的是那些照章行事一族和等待上级指示的部下,你认为他们就只知道照着手册办事。但是说到底,这是因为你尚没有认识到"问题在于没有思考其他解决方案的自己"。

那么,所谓的问题究竟是什么呢?再进一步说,所谓解决方案又是什么呢?如果思考了怎样抓住问题、怎样解决问题,问题就能得到解决了吗?在杰拉德·那德勒和日比野省三合著的《突破性思维》一书中有这样的定义:"所谓问题,就是你所关心的事情。"

比如说,质量管理的第一步就是先从引进5S运动着手

的。所谓5S即日文的整理、整顿、清扫、清洁和教养五个词的罗马拼写法的首字母。一旦习惯于在未经整理、整顿的职场，或者在凌乱的家里劳动，对脏乱差的环境就会满不在乎了。也就是说，如果单纯地讲你已经习惯这种环境的话，那也就不构成问题了。所以，必须明确根据什么进行整理、整顿。彻底、有效地开展5S运动之后，只要出现脏乱现象，你就能“挂在心上”。改变了职场和员工的价值观，就突现出了问题点，这就是5S运动的重要作用。

常常会出现这样的情形，领导觉得是个问题，而从习惯于等待上级指示的员工角度看却“不是问题”，这是因为上下级之间的价值观存在着认识上的差别。**应该怎样干工作？以什么为标准干工作？对这些内容不予以明确规定的话，那么“干不干就都无所谓了”**。

一经描绘出“理想状态”，你就能够把理想与现实之间的差距挂在心上，就能够认识到这是一个“问题”了。我们把这种情况称做“机会开发型问题”。**所谓解决问题，就是设法消除“挂在心头”的不安**。这样一来，我们就可以进而描绘终极的“理想状态”，就可以不断地发现问题，找出应该做的事情了。如果出现了“已经什么都不需要了、商品开发已经到头了、不知道应该干什么等”情况，说明你已经迷失了未来。

决定思维方式的“5个目的行动”

平常，“你自己是怎样着手解决问题的？是经过怎样的思考过程解决问题的？”也许很多人都不太留意这些。比如说，当你不知道在计算机里安装了什么软件时，就难以选择适当的启动方式。所以，首先你应该确认自己的头脑中安装了怎样的软件。

人们以目标行动为核心把问题一一分类后，就可以按照分类简便、轻松地整理所有问题了。人们最基本的目的行动可以分为下述五种。

① 研究类问题。“事物的本质是什么？事实的真相是什么？”

把握现状，追究本质，调查过去，探明事实，追求普适结果。

② 管理、监督类问题。“管理的基准是什么？”

如质量和进度管理那样，保持一定的基准。追求高质量。

③ 学习类问题。“学习的目标是什么？”

学习、掌握现有的信息、知识和技能。追求能力的提高。

④ 评价类问题。“评价的基准是什么？”

评价其他目标活动和对象，排出优劣顺序。制作成绩表。

⑤ 规划、计划、设计类问题。“怎样制订规划、计划？”

通过改进、改善、结构改造、规划、计划、设计等，创造解决方案，重新组合，追求符合特定条件的解决方案。

比如在工作现场，当管理、监督下级员工时，你所面临的就是“管理、监督类问题”；当要求你对下级员工做出评价时，就成了“评价类问题”；假如你现在是为了提高技能而拿起这本书的话，所面临的就是“学习类问题”；当制订明天的计划时，问题就变成了“规划、计划、设计类问题”。而且，为了获得解决各种问题的相关信息，必须致力于“研究类问题”。在工作中，你应该会专注于这五类问题中的一类。

我们在思考问题的种类时，大多是将问题分为质量管理问题、财务问题、人事问题、物流问题、工资问题、施工问题、警察问题、家庭问题等。而且，解决问题时，对于不同的问题不会采取不同的方法，无论什么问题都混在一起，这就是目前的现状。

你是否忘记了“设计方法”

这五类问题之中，有分别适用于不同情况的思维方法。所谓**思维方法就是经过思考过程导出解决方案的“途径”。**

（1）研究类方法

假说，收集资料，分析，确认，探明事物的本质或事实真相，写出论文或报告书。

（2）管理、监督类方法

设定管理基准，分析现状，归纳出（散布于基准之中的）

核心问题，制定对应方案，用对策置换问题，落实，达到高质量水平。

（3）学习类方法

设定学习、训练计划，开展学习、训练活动，考核学习、训练成绩，未达到合格线者再学习、再训练，达到提高能力。

（4）评价类方法

设定评价基准，收集信息，分析，根据评价基准排序，制作出分级评定表。

（5）设计（规划、计划）类方法

设定环境，展开目标，选择着手目标，描绘出理想状态，选择完成概念，制定结构，制定解决方案。

好像很多人已经在自己的大脑中安装了这五种方法之中的前四种方法。但是，新型思维法最为重要的一点是“设计方法”。因为，这种种方法貌似各自独立，但是无论哪种方法首先都需要有一个“设计方法”。

当被上级要求“汇报一下现在的情况”时，这就是一个“研究类问题”，就需要采用研究式的方法，即“调查现状，分析数据，明确核心问题和实际状态，报告结果”。但是，即便是在这种情况下，也需要制订一个“怎样调查现状”的规划或者是计划，即需要一个“设计方法”。

在管理员工时也一样，必须考虑“怎样制定管理标准”，还是需要“设计方法”。再如，开展研究课题的时候，为了有效地推进研究,就必须先制订一个周密的计划。这还是需要通过“设计方法”强化研究计划。

但是，假如你只是敷衍了事地制订了一个“设计方法”的话，就很难提高工作效率。比如说，当考虑怎样培养员工时，如果你不能用“设计方法”明确“为什么而培养”的目的的话，就分辨不清进行的究竟是应该为了强化员工知识，还是为了培养具有独立性、能动性的员工？因为这两种进行的方法是不一样的。

一般的会议也是一样。从分析当前发生的问题、着手找出起因，到抓住事物本质和事实真相等，都需要列举出“哪里不好”、“谁是肇事者”。随着时间一点一点地流逝后，大多数情况都止步于头疼医头脚疼医脚的程度。也就是说，一开始就应该明确目的，即为什么召开会议？ 为什么要解决这个问题？ 因为只有明确了“理想的状态”，才能够进一步实施计划。

无论什么，都需要首先启动“设计方法”，必须把关键的总开关扳到 ON 的位置上。

通过“展开目的”深挖问题根源

我们在给“思考缺乏症”开出的处方中，采用了突破性思维法的“展开目的原则”。所谓展开目的，即是在问及你的目的是什么”的同时，通过放大目的抓住事物的根本所在，最后重新给这个目的下定义。

突破性思维法所说的“规划、计划”指的就是设计未来。在设计未来的过程中，第一步需要对所赋予的课题“展开目的”，也就是重新思考课题本身。通过这个步骤得到正确的课题，进而再对这个课题“展开目的”。然后从得出的目的之中确定“核心目的”，设计出未来的“理想状态”，最后，向着这个目标，制订出改变现状的具体计划。

应用“设计方法”最重要的在于彻底思考“为什么”这个目的。比如说，如果领导对缺乏干劲儿的员工的某些言行不满意，也许就会立即当面呵斥他，诸如“你胡说什么呢”或者“快点干活”等。但是在这种情况下，假如你改用指导式的说法，比如“这种时候，你应该这样发言”等，就变成了现场指导性的解决方法了。但是因为问题本质没有改变，换个场合，有可能员工又会表现出使领导急躁不安的言行。

因此，请你再想一想目的问题。

“改变员工言行的目的是什么？使员工言行向积极方向转化（目的？）、激发员工的工作热情（目的？）、刺激员工的认识（目的？）、丰富员工的心理活动（目的？）、使之享受思考的乐趣……”当我们这样一层层地展开了目的后，就能够明白这样一个道理，管理者的目的并不是要千方百计地“改变员工的言行”，而是要设法“使员工享受思考的乐趣”。

如果你希望下级成为勤于思考、乐于思考的问题解决高手，就不能只是头疼医头脚疼医脚，必须从一开始就思考牢牢把握住根本的解决方案。改变一下看问题的视角和观点，就可以提高解决问题的可能性。

能够做到这一点，你就不会只是单纯地感叹“不吆喝着就不干活”了，而是会在脑子里盘算着“理想的状态”是什么样子啊？用什么方法才能使员工们愿意去思考呢？ 这样一来，你就能够首先开动脑筋思考解决问题的方法了。另外，**展开目的并不是要找出唯一的正确答案，所谓正确答案实际上是无穷无尽的**。即便是同一个题目，也会因人而异产生不同的目的。即便是你本人，每次思考时，目的也有可能发生变化，但没关系；对你来说，能够抱着“事物的要点已经变化”的心态去思考就够了。

前面提及的北海道旭山动物园的动物们，也曾经被关在四四方方的笼子中，眼中露出无望的神色；但是，那里的员工们动手改变了一下结构后，状况就完全改变了，比如游客能感受到企鹅好像是在海洋中飞翔的小鸟一样，能够亲眼看到猩猩展示它们强壮的肢体和无穷的神力。人类的能力之大，不可想象，只是我们自己往往看不见而已。当然了，也包括你的能力。

克服“官府衙门病”

日本大分县有一个以石佛闻名的城镇——臼杵市。市长后藤国利运用新型思维法彻底研究了市政府的功能。

第一步是“设定环境”，即从“21 世纪”、“臼杵市的市民角度”思考时，提出了“市政府存在的理由”这个根本性问题。

如图 2—1 所示，通过不断地追问“目的之目的”，层层“展开”、步步递进地思考，从而认识到长久以来行政上的不合理之处。所谓市政府原本并不是为了保障官员们的工资收入的机构，而且也不应该是为了管理市民、征收税金的机构。

所谓市政府，从市民的角度看，显然应该是一个“为了有成果、有效率地为市民构筑健康和平的生活而不断调整改善工作的机关”。从这个角度开始思考，现在的市政府对于市民来说只不过是一个麻烦不断的“衙门口”而已。

展开目的的要点在于，要先从小目的出发，一点一点向更大的目的扩展。在追问目的之目的的过程中，最终找出终极目的。

过去，臼杵市政府不必向市民明示收支平衡状况。但是，市政府“为了改善市民的生活”而思考了应该采取的办法，为了能够简单明了地看清楚自己的工作是否对市民有益，开始明示资产负债表（财务状况表）。

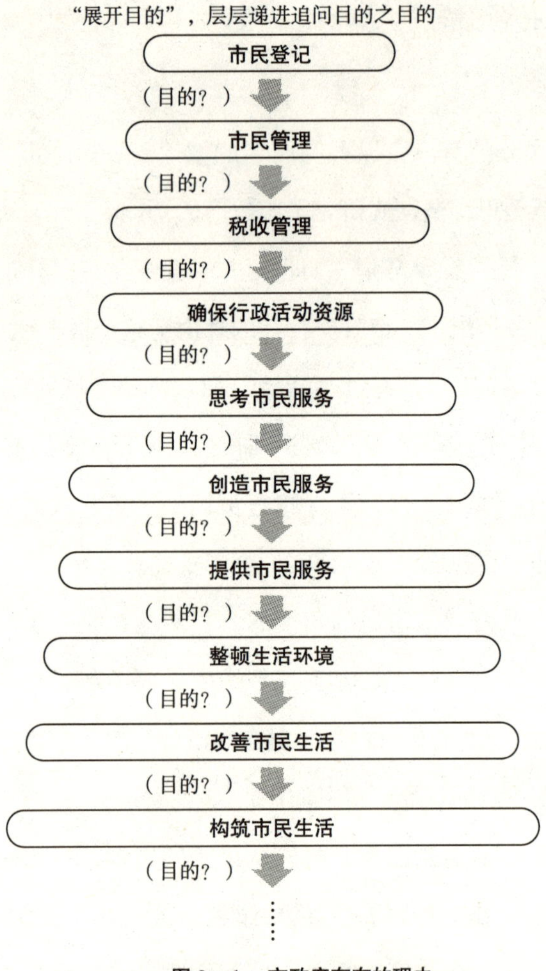

图 2—1　市政府存在的理由

在臼杵市，不仅仅是市政府机关，而是在全市都普及推广了新型思维法。城市目标指向“把一生献给社会”，实施了“一生献给社会，创造美好城市计划”。该市在这项活动中设立了健康福利设施“市民交流馆”，每天有大量市民集聚到这里安心地学习，舒适地运动。他们认识到与其让上医院看病的老年人不断增加，还不如多增加些为了健康勤于运动的老年人，于是开展了独特的新尝试，设立了“未雨绸缪教室”等，深受市民欢迎。

要是在过去，市政府能做的事情大概也就是设法削减医疗和护理费用了。但是，当市政府开始从市民的角度看问题时，就应该更加注重本质性的层面。因为即便是一时削减了费用成本，但如果市民们不能健康地享受人生的话，还是没有从根本上解决问题。不能等着病人增多了再想办法，而是要设法使大家都过上健康轻松的生活，最终还有利于削减医疗、护理费用的成本。

社会上对居民楼偷工减料致其抗震性减弱的行为反映强烈，这两者本质是一样的。一开始就只是“先削减成本再说”，只是片面地追求局部结果，而把本质的部分抛在了一边。做任何事情都应该首先抓住本质再开展行动，这才是切实取得成果的捷径。

把“设计方法”化为自身习惯

如前所述，要想灵活自如地运用“设计方法”，需要培养起展开目的以及从展开目的中发现最确切本质的习惯。因为你已经在大脑中安装了“设计方法”软件，现在就可以着手进行下述步骤了。

（1）“设定环境”，想出五个以上的目的。

（2）在这个过程中，要针对因视角、观点变化而变化的目的去思考“理想的状态”。

（3）为了摆脱现状的束缚，为了实现“理想的状态”，你需要思考应该做什么？

在重新认识已经习以为常的传统方法的同时，你需要把今后必须彻底采用“设计方法”的意识固化在头脑中。另外，如果能够意识到“现在，我自己正在使用什么方法”的话，就可以排除那些不太有效的思维方法。

有的人已经意识到这一点了，需要重复强调的是，在运用“设计方法”时，首先要“设定环境”。总之，通过在大脑中安装“设计方法”软件，不但能够使你摆脱思考缺乏症的束缚，还能够使你摆脱第1章中提到的先例依赖症的困扰。

处方笺 2

摆脱“思考缺乏症”

- 谈论问题之前，请先问一问“目的是什么”。
- 打开思考总开关。

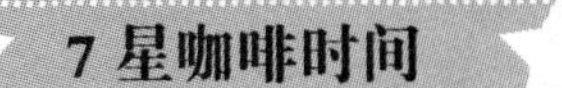

你看到了什么

问题一 对于下面的提问，请说明你打算对眼前看到的人传达什么信息？无论什么内容都可以，请尽可能把你想到的事情详细写下来。

1. 请详细说明一下你现在坐的椅子。

2. 请详细说明一下你的伙伴（丈夫、妻子、恋人或知心朋友）。

3. 请详细说明一下你的一名员工，或者领导。

问题二 请你根据问题一，从所描述的内容中归纳出“事实”和“目的”。比如关于椅子，可以用诸如“灰色，有扶手和高靠背。椅子表面好像是合成革的，触摸感平滑舒适……”这样的表述，把你看到的事实写出来，然后再装进“事实盒”。接下来可以用“即便是长时间坐在这把椅子上，也不会感觉疲劳，这是一把可以让你踏实地工作、读书的椅子”这样的说法，将你所描述的这把椅子的目的装进“目的盒”。

问题三 下面请你根据问题一，从所说明的内容中归纳出“相关性”和“整体性”。比如可以这样说，“我工作时，总是坐在这把椅子上。我对工作进展满意。这是我的专用椅子”，以此说明“椅子和我之间是怎样的关系”，然后将其放入“关系网”。接着可以说，“这把椅子在我的房间里。房间里有多把同样形状的椅子，但是这把椅子挨着计算机桌，所以我一直在使用。另外，房间里也有沙发，我想好好放松一下时就坐到那里去”，说明“椅子和整体的关系”，并放入“整体网”中。

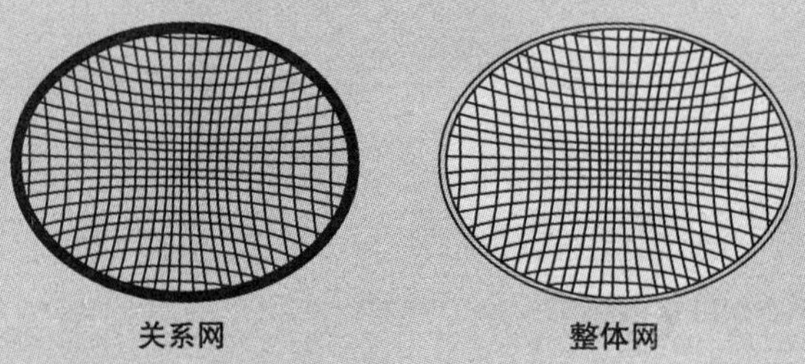

那么，哪个盒子装满了呢？ 而且，哪个网中装的更多呢？ 通常，我们察觉不到这些差异，说起来也是杂乱无章的，特别是像问题二和问题三那样。当问题以人为对象时，“目的盒”中也许就不会放入太多的纸条了。这个测试没有正确答案，只是让你认识一下自己平时大都注意事物的哪个方面。

应用题 请说明现在让你感到麻烦或者烦恼的事情，并将所写的纸条分别放入不同的盒子和网中。

未来丧失症

病症 未来丧失症

↓

适用人群 被重重问题所困，看不到未来的人

↓

处方 向未来学习“理想状态”原则

病症　未来丧失症

剥夺了未来的“过去房间”

曾应Y电子公司的邀请，我访问了该公司的工厂。

案例故事

在这家工厂的大门口，最先映入眼帘的是一个新建的巨大仓库。走进里面看到的全是埋头打电话的员工，“真对不起了，我们马上派人去修理”等电话应答的声音不绝于耳。我们谈话的时候也不断有电话打进来，现场的全体人员为了处理用户投诉，处于马不停蹄的应答状态。

这可是一家聚集了众多优秀技术人员的零件厂，但是因为有大量库存次品，为处理这些积压下来的旧案，他们不得不花费大量的时间。刚刚建成的这座新仓库，就临时变成了一座巨大的“过去房间”。

而且，员工们谈论的都是“我们厂究竟怎么了”、“如果制造出新的产品，就能恢复原来的业绩吧？”等问题，对于工厂的未来感到不安。

这家工厂虽然建有巨大的“过去、现在房间”，但是，“未来房间”里却冷冷清清、空空如也。公司整体完全处于丧失未来的状态之下。

无论在哪里都可以找到与此相似的事例。“我们公司也是，未来房间中空空荡荡的”、“要说我们的未来房间啊，那可是漆黑一片啊”，员工们看不见未来，陷入了无所适从的状态。没有了理想，人们甚至连怎样描述理想也不知道了，一旦遇到什么问题，就是左冲右突地瞎蒙乱撞。这就是“未来丧失症”。

当前，“未来丧失症”已经蔓延到了尼特族和自由职业者等年轻一代的身上。当然不只是年轻人了，还包括那些因为失业等而对未来悲观失望的人，也包括那些退休后觉得自己失去了人生意义的人。“将来我究竟该怎么办呢？”无论在哪里，都可以听到这一类抱怨的话。

在大学校园里也一样。许多学生看不见未来，处于茫然地随波逐流、因循守旧、抱怨不平的状态。这是因为在过去的延长线上没有未来，你不可能找到一个可以供你模仿的人生范本。当看到了被同一个模式牢牢地束缚着的上一代人时，恐怕你也不希望像他们那样生活吧。但是，由于你害怕向没有先例的事情挑战，仍然在茫然无措的状态下徘徊、偷生。

变化持续不断，不容商量。即便是以前曾经有过的事情，今天也变得行不通了。跟以前不同，原本看上去不可能发生的事情今天却一个接一个地发生了。“如果是那样的话，按说应该这样做啊。”你以前经历过的事情也变了，今天是一瞬间就把你的旧有常识颠覆掉的时代。人们似乎都在为“未来丧失症”烦恼不已。

那么，“未来丧失症”究竟是怎么产生的呢？说起迷失未来这件事，其实并不是因为某个人什么也不思考，所以才丧失未来的。上述电子公司拥有的大批优秀技术人员都是勤于思考、善于钻研的人。

实际上，正如先例依赖症是认真、努力“模仿”的结果，未来丧失症也是由于全力以赴追求“卓越”、努力“搜索犯人”所引起的。

“搜索犯人”与“寻觅情人”的区别

请大家比较一下，“福尔摩斯式的搜索犯人”和“爱因斯坦式的寻觅情人”有什么不同之处。

著名侦探福尔摩斯从思考“为什么”开始，不断地积累着“原因就是这个”等事实。他就像用一块块小石子铺路一样，精心地“铺着”每一个“事实”。他就是这样抓住证据，追寻犯人的。**不断地追问“为什么”，找出事物间的因果关系，掌握证据，追寻原因，以此“搜索犯人”，就是福尔摩斯的思维方式。**

与之相对的是爱因斯坦的思维方式。他首先设想，“有什么样的东西才好呢？ 达到怎样的状态最理想呢？”以此描绘出一个形象（情人）来。而且，他会**思考怎样做才能得到这个“情人”，即为了实现这个形象而构建某种理论。这就是爱因斯坦式“寻觅情人”的思维方式。**

这两种思维习惯一样重要。

“搜索犯人”式思维方式在探求事物的本质、进行搜索、业务管理等方面具有很大的作用。比如科学家们在探究自然法则时，首先需要怀疑一切，这时就需要使用搜索犯人式思维方式。另外，当发生交通事故、出现不良产品时，更需要彻底搜查“犯人”——追究事故原因，思考解决方案。在这种情况下，应用“搜索犯人”式思维方式是十分有效的。

而“寻觅情人”式的思维方式则在制订规划、计划，寻找解决方案等时必不可少。在进行新产品开发、召开创新提案会议等时，采用“寻觅情人”式思维方式将能取得巨大的成效。在创造新的未来的过程中，当然不能缺少“情人”了。

你的身边“犯人”多多

如果你能够做到合理使用“搜索犯人”和“寻觅情人”这两种思维方式，能够培养起7星思维习惯的话，你就能够成为领导未来时代的“主动思考者”。

> 看一看周围，真可谓是“搜索犯人”大集会。报纸、杂志、电视上全是“搜索犯人”式的报道。“原因是什么？是谁的问题？缺陷在哪里？”即便是在家里也一样，净是些“配偶或者孩子不好、可恶”之类抓人眼球的字眼儿。在学校、在街上也是这样，人们只要聚集在一起就开始“搜索起犯人”了。

但是，搜索犯人的同时，你是不是已经忘记了寻找最为重要的解决方案呢？人们谈话时耗费大量的时间去谈论的都是“问题在哪里”，而忽视了关键在于应该从问题之中一个接一个地寻找出解决方案。如果把“搜索犯人”式寻找问题的方法广泛应用到日常生活中，就会导致人们相互抱着防范性心理，谁也不讲真话了。

另一个“寻觅情人”的方法怎样呢？会使社会上大量涌现出情真意切地描绘未来的人吗？其实，不论是谁，只要有人讲了未来如何如何，肯定会有其他人站出来反驳，并说出“不可能实现的理由”。这就是现实，事情大多并不是那么顺利地发展的。

这体现出了社会中阴暗的一面，也制约了人们创造未来的热情。“犯人”被一个个地揪了出来，但是“未来”之情人却寻觅无踪。总而言之，还是患上了“未来丧失症”。

简单管理难以调动人的积极性

所谓**“搜索犯人”式思考就是通过分析，找出问题（犯人）、解决（逮捕）问题，是针对管理层面的思维方法。**日本自经济高速增长时代起，就以质量管理（QC）和全面质量管理（TQC）等方法为核心，普及了管理型思维方法。甚至可以说，就连人也能够通过管理教育被重新塑造。正因为无论遇到什么事情都采用“搜索犯人”的方法，于是“搜索犯人”式思考在日本就遍地开花了。

虽然“搜索犯人”法在制造工程及提高产品质量上卓有成效，但是，因为人非机械，一旦启动了“搜索犯人”的开关，每个人都会产生防范之心，变得谨小慎微起来，并会千方百计地思考起推脱责任的借口。这样一来，将直接导致了职场失去生气，变得僵化起来。苏联和东欧各国就是管理主义兴盛的典型代表，众所周知，这些国家最终都陷入了不得不彻底转换国家大政方针的局面。

从质量管理的角度看问题，不是要否定“管理型思维”，而是应该更加积极地应用这个思维方式。但是，对于人的管理而言，则另当别论。理论上讲，“实行严格管理，应该能够培养出高质量的员工”，但与此同时，也存在着使更多员工患上“先例依赖症”、“思考缺乏症”乃至“未来丧失症”的可能性。

处方 向未来学习“理想状态”原则

向未来学习“理想状态”

为防止“未来丧失症”，我们要采用突破性思维方式的“向未来学习‘理想状态’的原则”。这个原则与向过去、向现在学习的传统型思维习惯不一样，要求我们返回到根本目的上来寻求未来的“理想状态”。而且，要向未来的“理想状态”学习。

已经深深患上了未来丧失症的Y电子公司转换了思维习惯，采用突破性思维方式，将原来的“搜索犯人”转换为了“寻觅情人”。

按照“搜索犯人”式思维方式，需要连续不断地提出“为什么”。因为根据因果关系理论，使用这种“挤压式思维”方法可以从“过去”找出“未来”。这个方法在探求事物本质、从事质量管理方面是有效的，但是，用到寻求解决问题的方案时，就行不通了。或者可以说，**用“寻觅情人”式思维法问及的是“为了什么”，所需要的是从未来之中拉拽出来的“牵引型思维”方式。**

这种方法不是在过去的延长线上思考工作的事物，而是首先返回到根本上思索“理想的状态”，设计未来。这需要创建一处宽敞的“未来房间”，在这样的房间里设置“未来货架”，并且把设计出来的未来产品一个一个地摆放到货架上。随着货架上未来的“理想状态”不断增多，参加突破性思维工程的成员们表情将会变得生动起来，充满朝气。

与当初那种看不到未来、被一连串问题压得喘不过气时的情形不同，眼前的道路光明宽阔，应该解决的问题也清晰明确，因而可以果断干脆地开展工作了。

“搜索犯人”式思维方法致使那些动辄怀疑、防御心强的人思想僵化。与之相反，寻觅未来“情人”式思维方式则具有一种大大激发员工工作热情的力量。为了寻觅未来“情人”，一间间地修筑起来的孕育员工活力的“未来房间”就成了员工们无穷无尽的、高涨的工作热情的源泉，最终将发挥出巨大的能量。

着眼未来的人生规划

不仅仅是企业的未来，在个人的人生规划中，掌握“向未来学习”的思维方式也是非常重要的。在当下这种没有先例可循的时代，先前那些职业生涯的典范早已变得与当今社会不相适应了。现在请你着手完成自己的人生规划，着手确立属于自己的职业生涯。

- **第一步**，请根据传统的思维习惯，即按照分析现状→明确问题→制定方案的顺序制订 10 年之后、20 年之后、30 年之后的计划。

- **第二步**，认真思考“你的人生目的”。可以的话，请尝试挑战一下展开目的。在展开目的的过程中，注意视角、观点变化中发现的新目的。
- **第三步**，请思考怎样度过你的人生，即你的价值观以及成功的标准和必须达到的目标是什么。
- **第四步**，为了达到你设定的目的、目标，请分别拟定两个“最佳人生方案”、两个“第二人生方案”和两个“最差人生方案”。
- **第五步**，需要你认真思考创造出“最佳人生方案”必须完成什么？比如,今后应该做什么工作？应该掌握何种能力？应该取得什么资格？ 应该构筑怎样的人际关系？不要拘泥于现状，在向未来学习的同时，要尽可能详细具体地把这些都写出来。切记不要把“最差人生方案”纳入“现实方案”之中。

当我们制订人生规划时，如果按照第一步那样以传统型人生规划开始“搜索犯人”的话，就会陷入“过去”的束缚之中。不过，如果按照步骤二到步骤五继续进行下去，尝试着用新型思维法规划人生的话，就能够完成一幅完全不一样的未来图。比起步骤一那样从过去中挤压出来的职业计划（搜索犯人），显然，一个着眼未来的人生规划（寻觅情人）更加光明、更加丰富广泛，无论是谁都能够从中看到多种多样的人生可能。

> 比如说，我们以刚刚步入大学校门的学生为对象制订人生规划。大多数学生都没有思考过“为什么上大学”这个问题。对于他们来说，上大学就是“目的”。但实际上，上大学只是“手段”而已，并不是“目的”。学生们颠倒了目的和手段。

抱着这种认识进入大学校门的学生们，自以为达到了不是目的的“目的”，于是立即丧失了前进的目标。有不少人上了大学后就立即患上了“五月病”[①]，陷入了一种毫无生气、死气沉沉的生活状态，大都是出于这个原因。

因此，必须指导这样的学生学习新型思维法，让他们学会设计自己的人生，并尝试着向未来学习。经过这样的培养，之前在问卷调查中几乎处于“精神涣散、软弱无力、事事不满意”状态的学生们，摆脱了“未来丧失症”的束缚，开始积极地向着自己亲手描绘的未来计划前进了。

充实你的“未来货架”

养成“寻觅情人”的思维习惯，向未来学习，一旦挣脱了未

① 日本新学年从每年四月开始。——译者注

来丧失症的束缚，下一步就需要努力充实“未来货架”了。

按照传统思维习惯，需要根据过去的数据（过去货架）和现在的数据（现在货架）思考未来。但是，认识到了在过去的延长线上没有未来的企业就会创建“未来货架”，并且以此为基础描绘出“整体计划”，于是就能够做到一边向未来学习，一边思考今天的行动。

在创建“未来货架”的过程之中，首先需要追问“究竟为了什么”，需要彻底思考“应该怎样去做”，进而创造出大量的“理想状态”，用以装满这个未来货架。在这个阶段，可以暂时不必思考“当前能否实现这样的概念”这个问题。因为这个“未来货架”只是为了通览“理想状态”、从中判断出未来前进的方向，进而战略性地思考整体（整体计划）的工具而已。

前面提及的Y电子公司的“未来货架”上装满了250条“理想状态”。比如说，最上一层“终极理想状态”货架上是码放产品概念的，上面摆着平面媒体、心电感应媒体等；第二层“通过开发新技术有可能出现的状态”货架上有宇宙服务器、虚拟媒体等；第三层“有可能实现的状态”货架上有装饰品型的媒体、耳机型媒体等。

“未来货架”上的“货物”越充实，工作现场的技术人员们就越能够感到“自己的未来越光明”，眼睛里放出希望的光芒，拥有一种“觉得干什么都可以实现”的信心。**一旦看清楚了前进的方向，人们就会全力以赴奋勇向前。**这与原来蜷缩在“过去房间”中的时候完全不一样。

上面讲的是关于产品开发的相关话题，如果换成个人的人生规划，你至少需要想出六条人生方案，并把它们一一摆放到“未来货架”上。你需要一边向摆放在“未来货架”上的“最佳人生方案”学习，一边思考今后的人生战略。

“未来货架”将大大激发人们的工作热情

“未来货架”可以大大激发人们的工作热情。通常，每当有人讲起关于“理想状态”的话题时，总会有别人摆出“不可能的理由”来，这是因为这个人还没有摆脱掉旧的不良思维习惯的束缚。不过，**一旦公司内搭建起“未来货架”，你就可以把自己的想法“暂且先放到未来货架上”了。在不断积蓄起大量“理想状态”的过程中，人们就会逐渐变得开朗明快，并积极地开展行动了。**

还有一个更为重要的事情。你的眼睛要不断清点这个“未来货架”，那样你就能够清清楚楚地掌握是否有其他竞争对手正在赶超你的哪项“理想状态”。而且，只有这样你才有可能不断地去思考未来战略。对于企业而言，如果你希望自己的公司能够遥遥领先于竞争对手的话，“未来货架”就是你不可或缺的重要工具。

这时，请你与那些“过去房间的过去货架”上大量积压着不良产品的、埋头于处理用户投诉的企业比较一下吧。孰优孰劣，不是一目了然了吗?

对于个人而言也一样，如果你未来货架上的“理想状态”空空如也，即便是机会摆到面前，你也感觉不到。所以，必须先把你的“未来货架”充实起来，即便是不能立即实现的目标，也要像抓住机会一样，把目标牢牢地握在你的手中。

“寻觅情人”法最给力

有这样一句话，“不能把人当做管理对象，而是要设法激发人的积极性”。任何人都一样，你不应该责问他人说“问题在哪里，是谁的问题”，因为最为重要的一点在于“怎样激发人的积极性”。

那么，怎样才能更好地激发人的积极性呢?

通常有两种方法。**一种是根据市场原教旨主义应用竞争原理的方法，另一种是赋予他人梦想的方法，即应用爱因斯坦的“寻觅情人”法。**

第一种方法在当今全球一体化名义之下，已经覆盖了整个世界。因为竞争原理以强者为对手，与强者交战可以大大激发人的积极性。但是，请不要忘记这个世界中还存在着大量的弱者。对于弱者而言，他们不得不从一开始就放弃激烈的竞争。所以我们还必须寻找出激发人积极性的其他方法。

第二种方法是赋予他人以梦想，就是说任何人都可以做到，不能因为是弱者就不可以拥有梦想。或者可以这么说吧，不恐惧竞争，拥有自己的梦想，并且向着实现梦想的方向奋力前行的人才是真正的强者。

为防止“未来丧失症”，必须将“搜索犯人”式思维方式转换为“寻觅情人”式。不是去搜索犯人，而是首先要去发现情人，向这位情人学习。总而言之，不要再站在过去的延长线上苦思冥想，而是先去描绘未来。而且要向设计出的“应该干什么”这个未来学习。

千万不要蜗居在“过去、现在房间”中，一定要充实“未来房间”。

从“终极状态”出发

在描绘未来的“理想状态”时，依据现状和其他公司的事例去思考的做法是典型的先例依赖症的表现。新型思维法一定是从“面向目标的终极状态”起步的。所谓**“终极目标”可以记述为零时间、零费用、零面积、顾客满意度达到 150% 的、现状中“绝无可能”的一种状态，是一种“幻想、虚构”的世界。**人们一旦被各种各样的制约条件和常识所束缚，就不可能描绘出“终极状态”。所以，关键在于务必消除那些束缚人的思维的种种制约。只有剪除掉束缚，人们才能够自由自在地驰骋思想的双翼。

图 3—1 在突破性思维法中被称为“理想状态三角形”。三角形的横宽表示所需要的时间和成本。横幅越宽，既表明解决方案所必须花费的时间和经费越多，也就是说横幅宽的方案不是理想的好方案。三角形的顶点即所谓的“终极理想状态”，零时间、零成本，而底边则是现状。

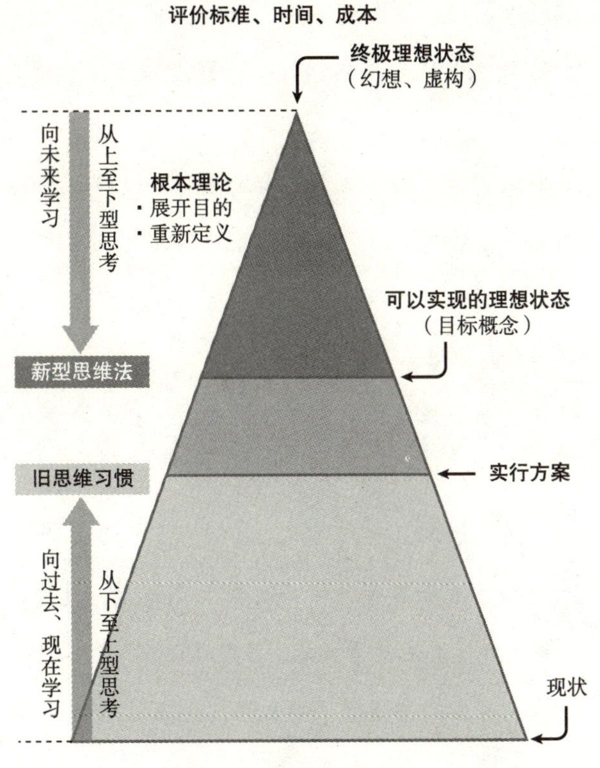

图 3—1　理想状态三角形

根据新型思维法，需要重新认识“原来的目的是什么”和“什么是根本”，需要思考达到这一根本目标的“终极理想状态”。而且，需要采取一个与“现实施行方案”相融洽的方案。用图3—1来说，就是要从上向下贯通地思考。与之相反，按照传统的思维习惯，是以现状和过去为基础，从下方开始思考“应该怎么办”。

今后，不受过去和现状制约、从根本出发重新思考事物、在大脑中描绘出“终极理想状态”的、与现实相融洽的“从上至下型思考”的思维习惯，是冲破重重困难的关键。

从“终极状态”出发将带给你下述几点效果：

（1）只有从“终极理想状态”出发才能得到解决方案，而依赖于过去的思维方法则丝毫无用。单纯模仿已经不再有效了，必须绞尽脑汁、彻底思考。这样的彻底思考习惯可以培养你的创造性。

（2）没有必要去调查其他竞争公司和美国公司的事例，所以也就不必浪费这份时间和资金了。

（3）由于是从根本上进行思考，不必为了头疼医头脚疼医脚而忙于表面事务，因而可以提高速度。这样一来，还具有绕过其他竞争公司、另辟蹊径的可能性。

（4）由于把焦点聚集在了“终极”二字上，所以能够摆脱过去和现状的束缚。

传统型思维习惯是自下至上型的思维方式。**新型思维法是首先问及根本，思考达到这个根本的“终极理想状态”，并且与现实的施行方案相融洽，即自上至下型思维方式。**

丰田汽车公司的创始人丰田喜一郎先生没有去模仿福特汽车公司的生产方式，他对下属们提出的是，“有没有零时间、零库存的方法呢？”这即是完完全全的终极思考。结果，他属下的大野耐一先生运用超级市场的概念想出了“铭牌标示法”，这就成了丰田超越福特、雄踞世界之首的基础。

在思考“终极状态”时，请务必抓住根本，即抓住你的目的。如果不牢牢地抓住根本去寻求“理想状态”的做法，说得极端一些，不就成了“即使污染环境，也要完成目标了吗”？如果思想跑偏了，不择手段地采取只顾自己的做法，不能说是抓住了本质。

所以，当我们思考事物时，至为关键的一点在于必须思考：什么是真正的根本？达到这个根本的“终极理想状态”是什么？怎样实现这个“理想状态”？一定要培养起这样的思维习惯。

处方笺 3

摆脱“未来丧失症”

- 师法未来。
- 从“终极状态”出发，填满你的“未来货架”。

7 星咖啡时间

反观自己的大脑

住在“过去房间”中的人和住在“未来房间”中的人具有完全不同的思维方式。那么，审视一下自己，你属于居住在哪个房间的人呢？让我们以新型按摩椅为例想象一下吧。

住在“过去房间”中的人：过去挤压型

（1）调查一下迄今存在的各种椅子，首先进行市场调查、收集信息。

（2）选择、分析几把你认为很好的椅子。

（3）思考现有产品的问题点和改善点，开发新型按摩椅。

以现有的椅子为基础，思考新型椅子。

从过去、现状出发思考未来的“过去挤压型”思维

住在“未来房间”中的人：未来抻拉型

（1）思考“设定环境”的目的。明确主体、时间、场所，对椅子的功用展开目的，并重新定义椅子。在明确目的的基础上收集必要的信息。

(2)“有了这把椅子，你就舒服了！”尽可能多地描述这把满足你目的的按摩椅。

(3)思考为了实现(2)需要怎样运作，开发出新型按摩用椅子。

以尚看不到的椅子为基础思考新型椅子。

从未来出发思考未来的“未来抻拉型”思维

请你试着应用“未来抻拉型”思维法思考现实存在的问题，并且，请立即充实“未来房间”。记住，关键在于行动。

冰山一角症

病症 冰山一角症

↓

适用人群 一叶障目，看不见整体和本质的人

↓

处方 系统原则

病症 冰山一角症

你只看到了冰山的一角

案例故事

这是一则来自美国的真实案例。

乔尼和辛迪迎来了婚后生活的第五个年头，但是相互之间却出现了摩擦。引发矛盾的原因小得不能再小了，他们俩都想不起来究竟是什么事情了。

乔尼和辛迪夫妻是双职工，平时非常忙。由于矛盾得不到解决，每天两个人连说话都锵锵，终日不愉快。烦恼不已的辛迪决定去做心理检查，夫妻二人一起接受了心理咨询，但是他们之间的矛盾太深了，不久之后，两个人分别向律师求助。

心理咨询师和律师都认真地询问了矛盾的原因，“你们为什么不和睦啊？问题是什么啊？ 是谁做得不好呢？”在咨询过程之中，两个人一件一件地回忆着“对方有什么问题”，摆出了过去发生的事情。越说越觉得“怕是我们俩性格不和吧”！两个人各自道出了分手的理由，离婚已成必然。于是接下来，话头转入了“赔偿费”问题。“我太倒霉了。当然应该多得到一些了！”二人随即开始了分家战。

这种相互对立的状态，是典型的“冰山一角症”的症状。原本打算看清楚整体情况，但实际上他们只是看到了一部分。

据说我们看到的冰山，其实只是整座冰山的八分之一，另外的八分之七都隐藏在水面下。那艘大名鼎鼎的豪华客轮泰坦尼克号就是撞上冰山之后，造成了历史上最惨烈的沉船事件。从泰坦尼克号的角度看，那个冰山只是个不足畏惧的冰块而已，但实际上他们看到的只是冰山一角。只看到了冰山一角就做出判断，导致了无法挽救的悲剧。

那么，乔尼和辛迪的情况是怎样的呢？ 两个人拜访了心理咨询师和律师，深入调查了失和的原因。乍一看，貌似他们已经了解了水面下隐藏着的冰山了，但实际上仍然只不过仅仅分析了看得见的部分而已。

传统的思维习惯从分析事物开始，并从中推导出事实和真实情况。但是，事物并非只看到了事实就可以了。即便是看到了事实，也看不到目的、整体和相互关系。不能仅凭看到的冰山一角就去思考。

反复分析，成为精通某一领域的专家，在这个意义上，传统的思考方法是有作用的。但是，在不断分析、细化的过程之中，分析者很容易钻进一个个局部里面，于是局部被放大了，被视为了整体。看到了水面上的冰山，于是确信这就是整座冰山了。人们并不觉得自己看到的不是整体。因为你没有看见整体，所以就不能够把握局部与其他事物的相关性和连动性，变得一叶障目，不见泰山。

“你们需要多增加一些两个人在一起的时间，要多聊聊天。”听了专家的劝告，乔尼和辛迪决定再努力试一试。两个人特意挤出了时间，希望通过愉快的交谈解决问题，但事情进行得并不顺利。他们都想充分利用这样好不容易挤出来的时间解决问题，但是急于求成的两个人，不知不觉地开始相互指责、相互抱怨起来。两个人只想解决眼前的问题，但是整体问题却得不到解决。

杂乱无章滋生浪费

不断地分析、不断地细化，但得到的结果却是没能看清整体问题。这样的事情也会发生在职场。是不是有这样的情况呢？当客户打来电话询问时，却回答说“这个不由我们这里负责啊”，于是就把责任推到其他部门去。被转的部门照方抓药，再推到另外的部门，简直就像传球一样。

“冰山一角症”正在所有的部门中蔓延着，部门的利益超过了公司整体的利益反而成了理所当然的事情。这就是垂直型领导体制的弊端，切断了横向、斜向的所有联系，每个部门都各自为政，重复收集相同的信息，相互争夺同样的顾客，导致了时间、劳力、成本上的极大浪费。召开会议也是如此,经常是部门之间相互推诿、转嫁责任，重要的课题也不相互协商。

还有几个部门同时开发相似产品的情况。就在这样自我较劲儿的内耗过程中，自己的公司被其他公司超过去了。虽然在同一个公司里，却很少有共同思考、同步行动的机会，因而难以构建起思考整体最佳状态的团队协作模式。

以前的主要交通手段——火车只在车头安装发动机，即便是开足马力也难以提高速度。而今天的新干线则不同了，所有的车厢都安装着发动机，通过和谐的连动，就可以保证列车稳定、高速地向前行驶。正是因为能够主动思考的人都向着同一个方向奔跑，才能够取得惊人的成就。列车的所有车辆都合力向前疾驰，才能够不断地超越。

处方　系统原则

停止挖坑

引起杂乱无章现象、看不到整体的人，卷入相互对立、争斗的人，视野狭小、头脑僵硬、对小事固执己见的人，对头脑迟钝的自己感到不安的人等等，都患上了“冰山一角症”，他们过于专注于挖坑，甚至变得不知道自己正向着什么方向挖坑，不知道自己处在什么位置上。一旦到了这个地步，在不断地分析、“搜索犯人”的过程之中，他们就钻进了密不透风的黑暗洞穴之中。因此，必须要从洞穴中钻出来，登上可以放眼全貌的高山。

我们可以用挖坑和登山形象地表示出传统思维法和新型思维法的不同。**传统思维法着眼于事实，可以形象地表示为不断地挖坑。挖坑就是深入分析、细化、钻进局部的内部。**而且，可以称之为从局部看整体的范例体系，即思维方式框架，就是从下部，即现状思考的思维方式。

这样的思维方式追求事物的真实性和事实本身，在调查、研究“现状和过去”时具有效果。福尔摩斯的“搜索犯人”法正是如此。日本检察厅的特搜部和国税厅通过搜查、历史调查等方法解决问题，大都属于挖坑法。

运用传统思维方式时，如果没有了被分析的对象，也就谈不上研究、解决问题了。所以，这种思维方式就不得不从分析过去和现状着手。但是，在这个已经不能在过去延长线上找到未来的时代里，往往存在着没有被分析对象的情况。

养成“观”的习惯

不仅仅是“冰山一角症”，在防治其他思维定式病时通过“展开目的”法，即不断追问目的之目的去把握整体、抓住根本也是非常重要的。这就是运用突破性思维法“系统观”认识论的思维方式。作为医治“冰山一角症”处方的“系统原则”也是以这个认识论为基础制定的。

“系统原则”的特征在于“万物一统”，即万物皆归于一个系统之中。不是“看”实际状态（物或形），而是“观”目的、相互关系及整体。在这里，我们在表述“观看”可以用眼睛看得到和不能用眼睛看到的“物”时，分别使用“看”和“观”两个不同的字。“观”那些大多用眼睛看不见的、无形的“目的、相互关系和整体”非常重要。所谓“思考”即是“观”这些看不见的“物”。

你平时是怎样“观”目的、相互关系和整体的呢？我们过去大多只着眼于眼前发生的事实，为了得到真实情况而不遗余力。但是，最终得到的也许仅仅是一个局部。清楚了整个冰山的规模大小之后，应该采取怎样的行动呢？你在做这样的行动判断时，必须养成追问的习惯，即追问“目的是什么”、“具有怎样的相互关系”、“从整体角度可以看到什么”等。必须登上高山，或者飞到空中鸟瞰整体。

案例故事

北海道旭川市的旭山动物园还抱有一个新的梦想，他们希望通过石狩川水系实实在在感受旭川与整个世界连成一体的样子，正着手创建“石狩川水系生态馆”。降到旭川的雨水不仅润泽了森林，而且经过石狩川水系流到了大海，大海养育了海豹，海豹游到北极海域，转而成了北极熊的生命之源。另外，石狩川的水经过这样的循环也流向了南极，养育了那里的企鹅。总之，一旦旭川干涸，就将影响到整个石狩川水系，甚至是北极、南极都将受到影响。

他们不是只想给企鹅、北极熊、海豹建个饲养展示馆就完事儿了，他们希望展示的是将旭川和整个世界连接在一起的石狩川水系。他们的出发点是让大家实实在在地感受到保护旭川与保护地球紧密地联系在一起。这些都是在动物园里面仅仅观赏动物绝对看不到的部分。但是，如果不能有意识地去“观”这种看不见的“整体”、“相互关系”和“连动性”的话，那么动物们的存续也就岌岌可危了。

也就是说“通过动物招揽游客以增加游客数量、总之只要能提高动物园的收益就行、只要能为地区做贡献就行”等做法，还是属于患上了“冰山一角症”。我们有必要像旭山动物园那样，把更大的目标纳入视野，在“观”到整个冰山之后，去思考“理想状态”。

彻底看清根本问题

有的公司很重视对顾客投诉电话来来回回踢皮球的“事件”，一举改变了企业风气。如果任凭这样的推诿事件重复出现的话，毫无疑问，企业的形象将大打折扣。

以生产浴室、厕所、厨房等水槽用品闻名于世的东陶公司生产的“温水净便座”，已经成了人们的生活必需品，现在连车站厕所也安装上了。一天，有顾客打电话问“在哪里可以买到东陶生产的浴缸盖”。这个电话经由公司总机转到了售后服务部，然后在产品销售中心、公司营业部转了一圈，最后到了特约经销店。他们给顾客的回答是“没有面向民用销售的”，这一来激怒了那位顾客。

东陶于 1997 年引进了突破性思维法，并在全公司范围内试行了转变风气运动，将原来站在企业自身视点思考转换为从顾客的角度思考。

根据传统思维习惯，首先需要思考这个问题的原因和对策，设计出诸如“是总机接线员转错了电话，我们应该加强员工教育”、“我为您转接附近的特约经销店，让他们告诉您面向普通市民销售的经销店吧”等各种应答内容。

但是，这似乎只是针对存在问题的部门设计的应答，并没有拿出彻底解决问题、防止事件再次发生的措施。因此该公司应用在突破性思维中学到的展开目的法，试图从根本上解决这个问题。结果得到了下面的认识。

> 无论有什么样的理由，拒绝想买本公司产品的顾客，即便是委托给代理商店，也打消了一些顾客购买产品的意愿。这才是引发问题的真正原因。

于是，该公司从最根本处着眼，重新思考对策，明确了民用销售规则，充分、明确地对公司外部说明了民用销售方法，彻底优化了整个公司的销售体系。

有许多公司制定了投诉对策手册，但大都仅仅止步于发现问题、按照规定予以调换产品这样的表层措施。但是，东陶公司则发现了水面下隐藏着的巨大冰山，并且迅速采取了行动，把一个投诉电话与提高顾客满意度联系在一起进行多项改革，从而取得了重大成果。为了防止旧病复发，至为关键的一点就在于彻底看清楚根本问题。

修复关系的“破镜重圆法”

本章最开始介绍的乔尼和辛迪之争，后来有了新的进展。在美国，离婚问题已经成了一种社会现象，有人甚至从中发现了商机，其中就有一位叫彼得的咨询顾问。

彼得认为用促进分析、细化手法那样的传统方法解决这个问题相当困难，于是他改用突破性思维的“展开目的”法进行商业式操作，着手于使对立的两个人重修旧好。

乔尼和辛迪这对感情不和的夫妇前来咨询时，彼得先生最初每次先约见其中的一位。在此之前的咨询师和律师大都是与两个人一起谈话的，而且，每次谈着谈着二人就争吵起来了。彼得先生利用“展开目的法”，对先行约见的一位不断追问“你结婚的目的”这个问题。然后找机会约见另一位，用同样的方法展开目的。经过几次之后，他发现了两个人之间存在着都认可的共同目的。在问及结婚目的的过程之中，乔尼和辛迪的视点、观点也发生了变化。

于是，彼得先生一起约见了两个人，还是利用“展开目的”法。在重复展开目的时，有几个目的是二人相互理解和一致认同的。因为掌握了思考目的的思维习惯，与对方一同展开目的时，需要竭尽全力思考两个人共同希望达到的目的。乔尼和辛迪的思考过程如图 4—1 所示，一步步展开了他们的目的。

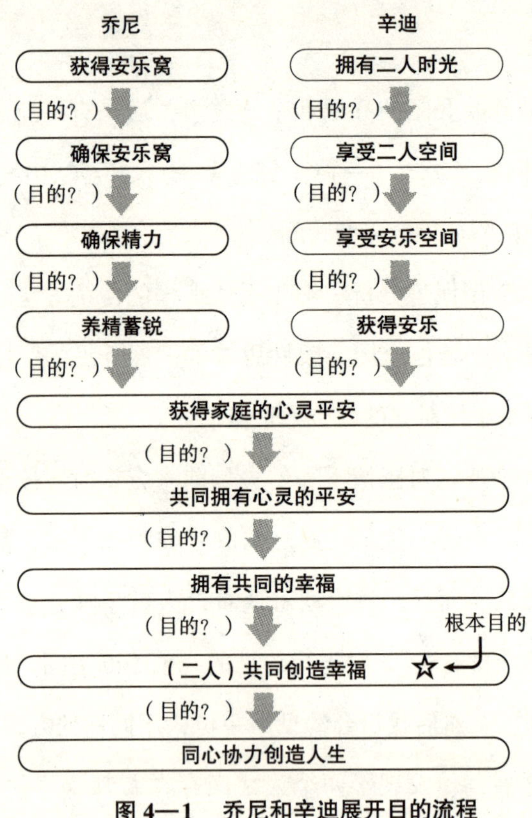

图 4—1　乔尼和辛迪展开目的流程

发现了二人共同认可的目的后，彼得先生让两个人一齐展开目的。在不断追问目的之目的的过程中，两个人就相互理解的目的达成了一致。

而且，为了“共同创造幸福”，两个人应该怎么做呢？他们需要从未来的角度进行思考。创造两个人共同拥有的心灵平静的时间和空间，需要两个人一边享有共同的幸福，一边去创造。“应该怎样创造呢？有什么好主意吗？需要采取怎样的方法呢？我们要是能这样做岂不是太给力了吗？要是能够这样生活，那可是太有意思了。”夫妻二人认识到了问题点，却还没有找到好的解决办法。但是两个人考虑问题的角度一经变化，相互之间就有了说不完的话题，据说二人当时就手拉着手亲亲密密地回去了。

而在这之前，两个人还在相互憎恨，满脑子想的都是补偿费。可见，假使人的思考时间相同，那“思考什么”则会大大地左右我们的人生。

归纳起来，彼得先生不是简单地止痛止痒，而是教会了他们新的思维方式。按照“搜索犯人”的思维方式处理，即便是更换几个伴侣，“旧病复发”的可能性仍然非常高。因此，彼得先生采取的是让夫妻二人看清楚共同的大目标，让他们分别主动地去思考面向未来前进的方法——掌握新型思维法。

能够看清整体状态的魔法箱

突破性思维法以两个重要的认识论为基础，一个是“万物一统”认识论，另一个则是“万物共同构成中国式套盒结构”的认识论（见图4—2）。

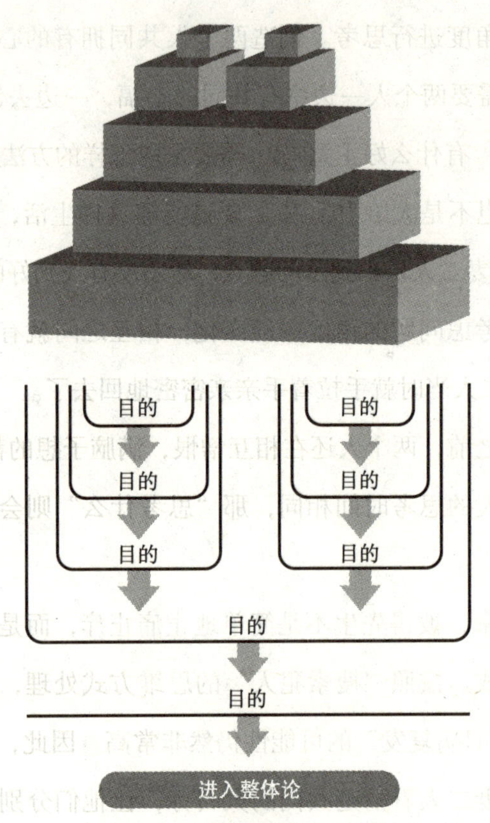

图4—2　世间万物皆为“中国式套盒”

中国式套盒就是大盒子里面套着中盒子，中盒子里面又套着小盒子的构造。世间万物共同构成了这样一种多重结构。以企业为例，“日本的经济产业省下面有企业，企业由事业部构成，事业部中有处，处里面有科……就是这样一个多重构造的组织。”

所谓系统，是由多个因素有机地联系起来的、作为一个整体向着共同目标发挥着作用的各种要素集合体。每一个盒子（系统）中都有目的。不断地追问“目的是什么”、“这个目的的目的是什么”、“这个目的的目的又是什么”之下，我们就步入了最大的一个盒子之中，即到达了可以窥视整体的地步。展开目的就是根据这种中国式套盒结构的原理，从整体上认识、把握根本，即目的的方法。

起初，乔尼的目的就只是“获得安乐窝”，而辛迪的目的则是“拥有二人时光”这样一个小盒子，但是在不断重复、不断追问目的的过程之中，他们的目的被套进了适合二人的“共同享有、创造幸福”的大盒子里面。即便共同拥有了这只大盒子，其中也装着各自的小盒子。因此，达到了大目标，小目标也就自然而然地达到了。

影响“系统模型”的8大要素

摆脱“冰山一角症”困扰的具体方法是“系统模型”。我们可以通过描绘“系统模型”的方法，明确“为达到目标应该输入什么”，“应该依照怎样的顺序”，“应用什么媒介以及怎样输出”等问题。通过这样的程序，就能够使迄今没有“观”到的“整体”、“相互关系”、“连动性”一一凸显出来。

世间万物皆具有“中国式套盒”这样的多重结构。因为所有的盒子之中都存在着目的，在不断地追问目的之目的后，即可到达最大的盒子。

思考系统模型的时候，请绘制一个漏斗形状。如男女约会时，目的是“享受约会”，先从上面开始输入“尚未相互赏识的男女”。然后再通过漏斗依序递进，最后输出的是“处于享受状态的男女”。此时，作用于约会系统的每一个人，以及构成系统的设备、信息都发挥着重要的作用。另外，这个约会系统的外围环境也发挥着巨大的作用。

在约会系统中，“处于享受约会状态的男女”是理应得到的输出结果。但是，假如在这个阶段的输出结果是“新生宝宝”的话，则未免有些尴尬。不过，如果将主体换成是“接受不孕治疗的夫妇”，那“新生宝宝”可就是再好不过的结果了。总之，因为是根据“设定环境”决定目的，所以会导致与应该得出的结果不一致的情况，因而必须做好“设定环境”的环节。进一步说，输出的结果有问题，即得出不符合目的之结果的话，也说明事前的思考和制定对策十分重要，绝对不可草率、敷衍。

以下标明了影响系统模型的八个要素。当然，使用者也可以根据自己的具体情况而增减。

① 目的

本质、根本、意图、目标、功能等。以医院为例：治病。

② 输入

依序输入人、物、信息。以医院为例：患者。

③ 输出

达到目标的成果、结果。以医院为例：接受治疗后的患者。或者，不喜欢的结果、不合乎目的的结果。以医院为例：治疗失败的患者。

④ 顺序（处理方法）

从输入到输出的顺序、流程图、步骤、版面设计、图纸、地图等。以医院为例：治疗程序。不同领域名称各异，如：安排、工程等。

⑤ 环境

输入、输出、顺序的相关环境。包括物质的（温度、湿度等）、社会的（心理、法律、政治、经济等）各种环境在内。以医院为例：卫生环境。

⑥ 人员媒介

介入过程的相关人员。以医院为例：医生和护士。

⑦ 物体媒介

各程序环节必需的设备、工具等。以医院为例：建筑物、手术设备、注射器。

⑧ 信息媒介

介入过程的必要信息。比如：手册、计算机软件、广告、说明书等。以医院为例：病历和医疗信息软件。

这里所说的媒介指的是介入过程的人员、设备、工具、信息，他们并不与输出结果一起出现。比如，如果医生也和患者一起作为结果输出的话，那就每次都需要招聘、雇用医生了。患者是输入，医生则是媒介。只要抓住这八个要素，就可以抓住系统的基本要素了。

描绘“系统模型”的7大步骤

一位优秀的推销员是怎样在头脑中描绘“系统模型”的呢？A先生是一位经常荣登销售状元榜的资深汽车推销员。每天傍晚，结束出访推销回来后，A先生的必修课就是整理、总结当天的工作，并斟酌、研究次日的销售战略。A先生的秘密武器就是“系统模型”，还有以目的、输入、输出、顺序、环境、人员媒介、物体媒介、信息媒介所表述的八个要素。运用这些武器和要素，就能够抓住“价值观、尺度、管理、关系和未来”。

步骤1

设定环境。仔细斟酌、研究明天准备拜访的顾客，以及拜访的场所和时间。当然了，必须事前预约拟拜访的顾客——一名“能够确定自我意愿者”。优先设定这位顾客指定的场所和时间。

步骤2

明确拜访目的，确定拟达到的程度。比如说，以“使顾客产生兴趣”为目的的话，那么如果顾客感兴趣就需要确定下次约见，能够敲定下次见面的场所和日期即视为“成功”。即制定必须达到的明确目标（输出）。

步骤 3

如果是一位对本公司汽车一无所知的顾客，就需要思考“依照怎样的顺序向他说明情况，才能引起他的兴趣”这个问题。这一步的说明必须通俗易懂，生动有趣（价值观）。观察对方的表情（尺度），如果对方感到厌倦就要立即转换话题（管理），迅速修正战略。

步骤 4

当然了，在这样的说明过程中，作为万全之策，根据需要必须带上专职解说人员（人员媒介）。为了便于说明解释，需要准备电脑和幻灯机（物体媒介），还需要准备好说明用的 DVD 和 PPT 资料（信息媒介）。

步骤 5

必须事前考虑说明、解释时的现场气氛（环境）。准备安静、安稳的房间，营造出顾客可以轻松提问（价值观）的氛围。如果中途气氛不好的话（尺度），必须立即改变环境（管理）。

步骤 6

在上述战略的基础上思考“关系”，才有望更加有效地推销产品。通过这位顾客的关系网（或者请他介绍新顾客，或者请他介绍自己的朋友），或者寻找新的人脉，拓展顾客与推销人员之间相伴相生、密不可分的人际关系，进一步研究新的战略。

步骤 7

最后，思考未来。不只是思考现状，要对这位顾客的未来有所预见，一边向未来“理想状态”学习，一边与顾客共同思考，描绘出未来的战略图。

商业活动中的成功者也许说得不那么清楚条理，但是无疑，他们都养成了抓住这些要素的习惯。不过，如果哪位在思想上含混不清的话，应用上也许会遗漏什么要素，这样一来势必会缩小应该取得的成果。使用“系统模型”，即可以清晰、明确地描绘出整个流程，从而避免遗漏。

人们一旦在自己的头脑中描绘出了整体图，就能够捕捉住每一个事项，避免误入歧途。这就是绘制出设定环境、目的、达到理想状态的地图。

能够实现理想的人和不能实现理想的人

有人能够实现自己的理想或者梦想，有人则不能实现，差别在哪里呢？只要你去描绘目的和“理想状态”，脑海中就会源源不断地涌现出大量想法来。不过，有人想的是“能这样可就太好了”，但是却不去实施，反而会找出一大堆做不到的理由来，因为他不明白千里之行始于足下的道理。就在明日复明日的等待之中，不知道什么人却先他实现了那个目的。于是，在羡慕别人的同时，他只能感叹一声“能实现自己理想的人真好”。

对于这一点，描绘出实现理想步骤的人，也就是在自己的头脑中描绘出“系统模型”的人，能够从这些步骤中看出自己应该干什么。有了目的和“理想状态”，就能养成抓住整体流程和各步骤中媒介的习惯。掌握了这个习惯，即便是对暂时不能实现的理想，你也能够开动脑筋去思考：“如果有这样的媒介的话，就容易达到目的了。”

平时习惯于睁大发现的眼睛，一旦有什么从自己的眼前轻轻晃过时，你就能够立即抓住这个机会。你会马上做出反应，意识到“这是个机会”。另外，也许可以这么说，就是你掌握了吸引机会，或者是创造机会的能力。

另一方面，有一种人只是感觉羡慕他人，而自己却并不去思考实现理想的步骤，即便是机会出现在眼前，也还是会被他一个个地放跑。因为他弄不清楚实现自己的理想或梦想，必须怎样具体地实施，不知道孰重孰轻。

我们以参加学习突破性思维法研修班为例，学员们接受了相同的研修课程，得到了一个相同的研究课题，即“任意操作，尝试展开目的”，但他们的表现不同。有的人只完成了最低限度的答案“能”，有的学员则努力多回答一些，或者一边学习一边实践。前者勉勉强强完成了展开目的图，而后者为了实现自己的理想反复多次展开目的，不断摸索。结果显而易见，后者取得了优秀的成绩，打破了阻挡在自己面前的障碍，包括先例、能力不足的障碍。

十分明显，这两种学员选择了不同的程序。不认识这种差别，只是等待幸运凭空而降的话，机会就永远不会光临的。

把握住整体，以应该达到的目标为核心，把从输入到输出的全过程刻在自己的大脑之中，并且将与这个过程相关的外部环境一并纳入思考范围，安排好推进这个过程的“人、物和信息”。请记住，模模糊糊地描绘梦想，在实现计划的过程中，会明显暴露出计划不完备的缺陷。清晰地描绘出目的和“理想状态”，掌握实现理想的地图——“系统模型”的周密思考习惯，就是达到光荣目标的最短途径。

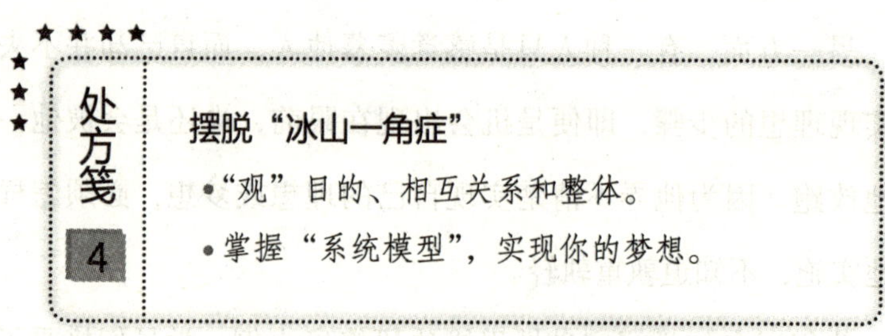

7 星咖啡时间

在轻松愉快的环境里怡神养性

这里是十年后的未来办公室。现在是一个只有富于创造性、富于思考和生产性的公司才能够生存的时代。作为未来型办公室，不可欠缺的是一处公司员工可以放松身心的场所。缺少了这个空间，公司的品味就将受到质疑，这将成为未来时代的一个显著特征。

如果由你来设计，你将创建怎样一处能够使公司员工放松身心的空间呢?

将环境设定为“委靡不振的员工、公司内部和10年之后”。先思考目的，再输入“委靡不振的员工”，然后思考输出“重振雄姿的7星商业精英”的“系统模型”。思考时请参照前述“系统八要素”。

问题 1 创造轻松愉快环境的目的是什么?

为了（动词：xx）（名词：xx）

问题 2 请尽量详细填写下面④~⑧的内容。因为是未来的事情，自由想象至关重要。

④ 顺序

⑤ 环境

⑥ 人员媒介

⑦ 物体媒介

⑧ 信息媒介

那么，你将创造出怎样一处能够使员工放松身心的理想空间呢？乍一想，也许你就只有一点点主意。但请一定不要放弃，再尝试着多“想出一个”来。胜利就在于你的坚持。要知道，最好的方案就潜藏在你绞尽脑汁得出的想法之中。请大家培养起享受自我思考的习惯吧。

信息肥胖症

病症 信息肥胖症

↓

适用人群 被大量信息操纵，弄不清问题所在、找不出解决方案的人

↓

处方 收集与目的“相适”信息原则

看不到未来的“未来蓝图工程”

案例故事

一日，某大型企业M公司新任总经理给我打电话说：“由于公司不景气，三年前我们开始着手改造，打算制定出一个未来蓝图。大家一直非常努力，但是，怎么也描绘不出未来蓝图，真是糟心透了。”

这个由前任总经理发起的公司改造工程是这样的。三年前，公司聘请了一名经营顾问，集结起公司内各个部门的精英，组成了半导体、多媒体、医疗、机器人、家电和计算机六个领域的改造工程小组，启动资金预算为30亿日元。公司内的30

名专家飞往世界各地收集关于这六个领域的所有信息。公司认为收集到的信息越多越好，因为信息越多越能够清晰地描绘出新的未来景象。最终他们得到了数量庞大的信息。

可是，拥有了原以为可以使改革一举成功的庞大信息，在描绘未来蓝图时却发生了问题。即怎样分析这花了30亿日元收集到的庞大信息呢？M公司的未来景象应该怎样一步一步地实现呢？这个分析、归纳、整理庞大信息，以及描绘未来蓝图的工作，还要花费三年的时间。可是，等到实施未来蓝图工程的时候，世界不是早就变化了吗？现在所设定的六个领域，怕是也会落后于时代了吧？新任总经理意识到了存在的危机，于是给我打来了电话。

在时代变化缓慢的年代中，开展M公司这样的大型工程，通过大量收集、分析过去和现在的信息确定未来是可行的。可是在当今的时代，三年的时间里世界会发生巨大的变化，所收集起来的信息也基本派不上什么用场了。而且，原来设定的事业领域也将落后于时代。

就在你拼命去收集信息的过程中，社会却在时时刻刻地变化着。M公司收集起来的多媒体领域的信息，由于互联网时代的突然降临，在公司收集信息的同时就已经变得陈旧了。从多媒体到IT时代，从IT时代到互联网时代，时代的飞速变化让人眼花缭乱、目不暇接。

按照“先分析过去，再收集现在的信息，最后拟定未来”的传统思路，那是无论如何也追赶不上时代变化的。

另外，**越分析过去和现状，收集的信息越多，你就越看不到未来。因为过量的信息会使你头脑混乱，使你看不清楚事物的本质。**M公司就是这样，即便是收集了大量的信息，结果仍然是不知道如何是好。

> 比如说，电视和杂志上每天都有关于健康和美容的重头报道。一旦你受到诸如“一天仅仅花5分钟，坚持一周就可大见成效”这类言语的诱惑，并且按照这一个个的指导方案实行的话，那你就必须按照“一天5分钟”的要求去做了。结果你会发现，这“一天5分钟”多得会令你连睡觉的时间也没有了。这样的信息，真可谓是铺天盖地。

尽管每天都收到各种各样的信息，但实际上很多人依然我行我素。还有许多人会一个接着一个地去尝试，却不管其是否有效，于是变成了一个被潮水般信息操控的木偶。

过量信息令人头脑麻木迟钝

很多人收集了大量信息，却并不付诸行动。即使你知道“预防生活习惯病在于运动”的道理，但是如果不付诸实际行动的话，仍然不能阻止患上生活习惯病。对于信息也一样，一旦你从心里接纳了某种信息，就会主动地去收集相关信息了。就像M公司的未来蓝图工程那样，人们往往是有意识地大量收集信息，全力以赴，全神贯注。而结果呢？光是收集信息这件事本身就会耗尽你的时间、成本，还有劳力。

“信息肥胖症”是一种具有麻痹大脑的高风险性病症。当你试图根据收集到的信息取得成果时，却苦于信息量过大无从下手，因而导致大脑慢慢地产生了疲劳，进而对重要的事情也变得麻木不仁了。过去原本是为了便于创造未来而摄取的营养成分，却随着时代的变化，不知不觉间，竟然变成了引发病症的原因。意识不到这一点，依旧按照同样的思维习惯生活，你就会患上这种名为“信息肥胖症”的思维定式病。

被媒体操纵的“信息木偶”

伊拉克战争期间，美国在迪拜设立了媒体中心，不断向全世界发送数量庞大的信息。而且，着手给全世界人洗脑的信息战争。伊拉克方面也是一样，虽然规模要比美国小，但是也奋勇加入了这场信息战。这样的信息日复一日通过各种媒体流向全世界，影响着人们的思想。

不仅仅是伊拉克战争，在日常生活中，也存在着或好或坏的各种媒体“操纵”、扭曲我们决策的可能性。独裁专制者更是会为了使人们“不能思考”或者“没有时间思考”而操纵信息。人们在潮水般涌来的大量信息中，不得不条件反射式地匆忙做出决定。

一味接受信息的过程中，大脑思维活动会变得异常起来。现在的媒体越来越发达，使用不当，人类的思维能力就会被媒体剥夺掉，使你成为一具受他人操纵的木偶。人们参照得到的信息做出决定，但是这个信息如果有失偏颇，你的决定也将随之发生偏转，这样就自然而然会被信息操纵了。形同木偶的集团是非常危险的。

信息操作技术已经在全世界范围得到了普及。信息战争日趋激烈的今天，要事事、处处拷问自己是否迷失了本质、是否能够自我思考、是否具备甄别的能力。

处方　收集与目的“相适”信息原则

预防发病的第一步

根据传统认知，信息收集得越多，判断正确的可能性就越大，解决起问题来也就越顺利。但是今天不同了，信息泛滥成灾，一不小心，你就会被信息洪水吞没。即便你不主动去寻找信息，各种各样的信息还是会大量充斥于世，仍然会不断地对你施加影响，使得人们自我思考的时间越来越少。

总之，大多数情况都是这样：尽管收集了信息，但是却未加充分利用，导致不断积攒下来的信息、庞大的数据堆积如山。分析信息需要花时间，可是等到你分析完毕准备解决问题时，世界已经变化一新了。

关于收集信息一事，据说创建本田公司的本田宗一郎先生对他的下属说过这样的话：“所谓解决问题，并不是去获得信息。一定要明白这个道理，你在收集信息时，潜藏着巨大的危险。”这为我们敲响了警钟，要我们警惕“千万不要因为收集过量信息导致患上思维定式病”。本田先生指出了下述四点危险性。我们将从预防思维定式病的角度一一加以解释。

（1）被貌似方便的信息左右。

点明“信息貌似方便”非常重要。信息不是根本，不是本质，而解决问题才是根本，才是本质。按照传统思维习惯，需要从收集信息开始着手工作。根据新型思维习惯，工作不是从省事、方便开始的，而应该从根本、从目的出发。

（2）分不清楚有用、无用信息。

按照传统思维习惯，没有信息则无法思考。但是，如果从根本出发开始思考的话，没有信息也是可以思考的。

（3）从信息得出的结果相同，但由于起因不同导致失误。

在医疗领域，医生经常根据计算机和医疗仪器得出的数据诊断病状。但是，人的身体结构十分复杂，各部器官相互关联，经常出现原因多歧的症状。所以不能只看结果，这就要求医生必须掌握综合整体情况（系统）进行诊视的思维习惯。

（4）制作文件被误认为是制定解决方案。只收集信息也会变得自以为是。

按照传统思维习惯，会不断造成“制作文件就是制定解决方案”的错觉。现在我们经常可以看到这样的情形，办公室堆满了大量文件，但是问题却依然摆在那里得不到解决。请大家务必注意，所谓解决问题，并不是制作文件，而是要达到目的。

本田先生所批评的现象就充斥于我们身边，所以有必要提醒大家注意，务必重新认真思考一下收集信息的目的。

目的“相适”型信息收集法

不良生活习惯是元凶，但是如果为了防止肥胖就什么东西也不吃的话，人就会饿死了。不能合理摄食、取得营养平衡的话，当然会引发疾病。信息肥胖症也是如此。应该合理搜集必要的信息。

不管是否有用，先把信息大量弄到手上再说的做法是不对的。根据突破性思维法，**我们需要掌握最小限度地收集与目的“相适”信息的思维习惯。这就是“收集与目的‘相适’信息原则”。**

收集与目的“相适”信息有两个关键点。

（1）在着手收集信息之前，思考“收集信息的目的”。

（2）最小限度地收集符合目的的、适合解决问题的信息。

“收集到的信息是在6个月之内使用吗？”此时，一定要思考这个问题，如果6个月内不使用的话，就不要收集，果断划分时段至关重要。一言以蔽之，“最小限度地收集决策所需信息”。

因为传统思维习惯是探究事实性的思维方法，所以必须采集大量的信息，从而提高事实的准确度。它是一种信息量越大准确性就越高的思维方式。

另外，这种方式需要通过分析找到问题点，然后思考对策。总之，必须采集大量与问题相关的信息。正是这样，擅长于信息分析的“问题专家”们就一个接一个地被制造出来了。

比如说，在大学里学习知识、听讲座、翻阅科技杂志等都属于收集信息活动，这也意味着积蓄思维的养分，照理是应该大力推行的。但是，这样做也存在同样的弊病，一旦养成了决策时收集的信息越多越好的习惯，就很有可能引发思维定式病。

因此，必须掌握防止患上信息肥胖症的新型思维习惯。

请参看图 5—1。传统的信息收集模式是一个等边倒三角形。即一开始就大量收集信息，然后是分析、探求问题点，最后是思考对策，信息收集量递减。与之不同的新型思维习惯则是首先思考目的（根本），着眼于未来，思考应该怎么做？ 有助拓展思路、丰富思想。然后是归纳、整理，提炼出新的概念。再从中精选出目标概念，为实现这个目标和“理想状态”，最小限度地收集信息。如果信息量为零的话，那可就是最“节省脑力”的信息收集法了。

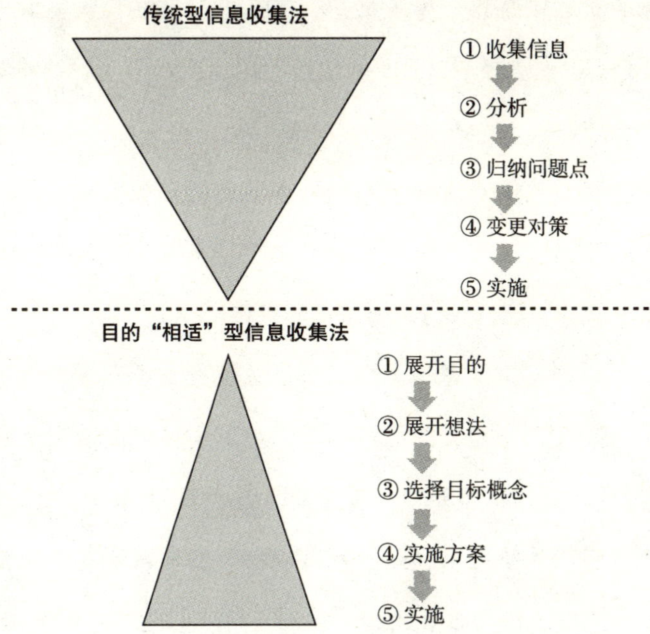

图 5—1 信息收集模式的差异

串式信息收集法

图 5—1 中，三角形的面积表示信息的收集量。与传统方法的信息收集量相比,新型思维方式的信息收集量大幅减少。总而言之,根据新型思维方式收集信息的方法最节省脑力，因而能够提高思维效率。

传统的信息收集方法在最初阶段就开始大量收集信息，然后再一点点地减少信息量，如图 5—1 呈倒三角形。而目的“相适”

型信息收集法则是首先思考最“根本”的目的，只收集最小限度的必要信息，如图5—1下面的锐角等腰正三角形。后者的信息量明显少于前者。

从侧面观察，有人确实不太费劲儿就能高效完成工作。这些看上去脑筋转得快、优秀干练的人大都是不知不觉地掌握了先从目的出发思考问题、抓住有用信息的思维习惯。

另外，根据这个思维习惯，不是去收集关于问题的信息，而是收集与解决问题相关的信息，所以能够大量地制造出“解决问题的专家”。**在收集信息时，首先要明确“串”（目的），只收集符合这个“串”的信息。这样做就可以把收集信息所花费的工夫抑制到最小限度**。这样收集到的信息都与解决问题的方法密切相关，所以能够一次就推导出最佳解决方案。

花费了30亿日元也未能描绘出未来蓝图的M公司，随后转换成“寻觅恋人”式的新型思维习惯，着手收集起与目的“相适”的信息了。具体方法是通过设定环境、展开目的确定了公司21世纪应该具备的概念。然后把这个概念放到“未来货价”上，并以此为基础着手描绘公司的宏伟蓝图。这个过程仅仅花了5天时间。接着以这个宏伟蓝图为核心收集与目的“相适”的信息，即收集实现这个宏伟蓝图的信息和制定解决方案的信息。在收集信息的过程中进一步强化了理想。完成宏伟蓝图，重点收集信息，接着就可以快速、有效地实施了。

就这样，他们仅仅用了两周的时间，就构建起了未来战略。那些花费了30亿日元收集到的信息，几乎都失去了使用价值。

“热信息”比“冷信息”更重要

你知道“冷信息”和“热信息”这两个词汇吗？这里指的是两种信息类型，字面上的意思就是冷冰冰的信息（冷信息）和热乎乎的信息（热信息）。

所谓**冷信息，指的就是书刊杂志、互联网上文字书写的传统信息**。M公司从世界各地收集到的数量庞大的信息都是冷信息，也可以称为已经凉透了的信息。虽然不可无视这样的信息，但是在这个剧烈变化的时代里，我们的大脑必须时时刻刻记着什么叫陈旧。市场调查得出的结果也是这样，一旦诉诸文字，就变成了冷信息，很有可能已经变得陈旧了。传统的思维习惯，是必须通过大量收集冷信息去分析、研究问题点的。

与之相对，所谓**热信息，指的是存在于人们大脑中的信息**。这种信息随着外部状况的变化而变化着。未来信息就存在于人的大脑之中，是一种动态信息。解决问题的方案可以创造未来，所以使用热信息极为重要。

只重视用冷信息开发商品，可能会出现产品上市时已经落后于时代而无人问津的尴尬，因为在你全力研究开发这个商品时，更加优秀的产品已经被其他公司推向市场了，于是，一切又都得重新开始了……这样的情况并不少见。

怎样收集热信息呢？一般情况下，需要注重开展无拘无束的交流，这种自由自在的纵情畅谈收效较高。而在凌乱不堪、患上“冰山一角症”的工作现场，可是做不到这一点的。

“热信息”带来“热”成功

案例故事

美国的某超大型保险公司做出了进军日本的计划。因此，向日本经营顾问做了咨询。得出的答案是“用 6 个月时间做市场调查，6 个月做数据分析，6 个月制定方案，共计需要一年半的时间”。这位顾问按照传统思维习惯使用的是“冷信息”，所以必须要花一年半的时间。

但是这家美国公司难以接受这种思维方式。一年半的时间，对进入市场代价太大了。于是他们又向我们咨询，询问是否有不那么耗费时间的方法。

我们立即决定根据新型思维习惯，采用“热信息”解决问题。因为热信息存在于“人的大脑之中”，于是我们从召集社会上的“行家”——“精英群体”着手开始了此项工程。所谓三个臭皮匠，顶个诸葛亮。“精英群体”就是要集合人才，发挥集体的智慧。熟悉市场行情的资深市场分析专家、熟悉契约业务的资深法律专家、长于店铺开发的行家等，把13名各行业的专门人才集中到位于日本千叶县成田机场附近的一家饭店里，经过四天三夜的会战，制定出了进军战略。

根据新型思维法的程序，我们依次讨论了设定环境、展开目的、描绘未来“理想状态”、拟定契约书等相关文件、实施计划、改善计划等内容。总共仅仅花了四天时间就确定了该公司进军日本市场的战略，并很快进入了实际运作阶段。

依靠“精英群体”头脑之中的“热信息”，节省了原本需要的6个月的市场调查以及6个月的分析时间。这是一个最佳结果，该保险公司进入日本后一直保持着持续增长的势头。应用冷信息需要一年半的时间，热信息仅花4天就完成了，二者的巨大差别不是一目了然了吗？

处方笺 5

摆脱“信息肥胖症”

- 收集信息之前先明确目的。
- 应该最小限度地收集适合于目的的信息。

7 星咖啡时间

你的大脑是否有点疲劳了

“最近，我好像是患上了信息肥胖症？” 你是不是觉得自己有点儿不对劲？以下是我们归纳出的信息肥胖症的症状。

检查

☐ 收集、分析信息耗时长却得不出好的方案。

☐ 收集、保管、撤销信息所耗费的人力、物力成本极大地增加了。

☐ 收集到的信息堆积成山却未加利用，结果大多被束之高阁。

☐ 反复分析，但问题点过多，几乎没有得出任何解决方案。

☐ 尽管可以把握过去和现状，但未来却依然如雾里看花，难以预料。

☐ 这样看来，你最近或者是没有时间仔细思考，或者是大脑已经麻木停止运转了。

☐ 随时会受到不断涌现出来的信息的影响。

越对照检查就越觉得自己像是患上了信息肥胖症。一旦患上了信息肥胖症，大脑就变得疲惫不堪，所以需要采取“节省脑力的信息收集法”。那就请大家根据目标，把信息串成串儿，有意识地应用“锐角等腰正三角形法”收集信息吧。千万不要忘记，你若想获得热信息，就一定要积极地行动起来。

慢性不信症

病症　慢性不信症

↓

适用人群　疑虑之风蔓延，丧失了工作热情和创造性的人

↓

处方　共同策划、共同参与原则

病症 慢性不信症

警惕灯下黑

案例故事

宫崎先生是日本东京某著名连锁饭店的总经理。为了迎击海外一流饭店进军日本，他打算重新设计饭店的经营结构。他设想由担负着21世纪重任的30多岁的年轻人为主力，启动一项“未来工程”，巩固连锁店的经营基础。

没有任何人反对这个设想，于是他立即成立了青年选拔小组，启动了这个新工程。新工程团队大胆挑战，实施了各种各样的新计划。继承父辈开始饭店经营的宫崎总经理发挥了天生独断专行的作风，激励着年轻人不断开展改革。依靠这项改革工程，连锁饭店取得了快速发展。

不过，这家连锁饭店虽然取得了高速增长，但是经营班子——董事会的利害关系却盘根错节、十分复杂。董事会中有人对重用年轻员工推进的这项工程不满意，认为做得不够理想。

但是，宫崎总经理说“都是一帮快退休的人了，我没工夫搭理他们”，于是并未理会这种不和谐的声音。的确，这些受到冷落的董事会成员的改革能力不怎么样，但他们都是些擅长政治斗争、靠耍手腕爬上董事地位的人。他们有的是时间，想方设法阻碍改革工程。

董事们的举动终于激怒了宫崎总经理，他打算将这一帮人解雇掉。但是，意外的事情发生了。一天，在突然召开的董事会上竟然通过了解除总经理任职的决定。受到冷落的这帮董事们巧妙地上演了一出宫廷政变闹剧。

当然了，改革工程被迫中止，青年工程小组也解散了。董事会的那帮遗老们哪里管什么推进改革啊，终日埋头于勾心斗角的政治斗争。原本生龙活虎的企业员工们，士气一落千丈，最后这家饭店被美国某大型连锁饭店收购了……

牵连性失误

这一悲剧是由于错误地牵扯进董事成员引起的，是一起“牵连性失误”。

成功是根据全体人员的共同决策取得的。再小的计划也需要得到大家的一致认可才有望走向成功。**无论多么出色优秀的计划，得不到大家的承认必将会以失败告终。如果能使大家共同参与、共同策划，其结果将会大不相同。**

在伊拉克战争中，美国打着“解放伊拉克”的名义全力开展了媒体战争，力图把伊拉克人民和全世界人民都纳入美国自己一方，这也可以称为避免“牵连性失误”战略。尽管如此，现在还很难评价这一战略是否成功。

在日本，人们曾经十分注重事前沟通。但是近来，人与人之间的关系发生了变化，很多情况下，事前沟通的做法已不再有效了。因为稍有不慎，就有可能被他人视为是在做幕后交易，反而会招致人们的不信任。与此同时，原本有效保持人际之间和睦关系而畅行的智慧也逐渐消失了。大家忘记了共同参与的重要性，从而增加了出现“牵连性失误”的可能性。如果忽视了“应该怎样设定相关人员”、“怎样分辨不宜参与的人员”等问题的话，你就会在不知不觉中遭到他人算计。

“牵连性失误”导致了“慢性不信症”这种思维定式病的蔓延。在这种环境中，不仅是宫崎总经理一个人，那些满怀干劲儿的年轻员工们，或者说那些受到冷落的董事们，每个人工作时必定都抱着“不知什么时候就被什么人出卖了”的不信任情绪。这种不信任感一旦像瘟疫一样蔓延开来，就会削弱患上慢性不信症员工们的工作积极性，成为使整个组织意志消沉的重要原因。

从“盲目委托”到“疑虑重重”

过去，日本也存在着“委托文化”。“对方已经充分考虑了我的情况，绝对不会有错的，他不会蒙骗我的。”因为完全信任对方，就把自己的事情交给对方处理了。相互扶助、相互信任的文化孕育出了安心和信任感，所以过去的日本人才能将生活和工作上的事情毫无顾虑地“委托给对方”。

而在美国，人们一直就认为签字画押之前什么事情都可能发生，美国文化是一种“自我负责”的文化。纵观整个世界，不少国家都存在着理所当然“应该怀疑一切”的文化。

不过最近,日本也发生了变化,人们不再一味依赖于传统的“委托文化”，而是思考问题前必先画一个问号。

很早以前，日本人就把自己的人生完全托付给公司了，与之相应，公司会终生照顾员工。但是现在，情况已经变了，人们不再那么信任公司和上级了。而且，经营者也时刻抱有警戒心理，“亲手培养、栽培的员工，说不定也会随时辞职跳槽”。即便是引进了绩效主义管理模式，经营者们对于员工也仍然抱着“一旦放任，他们肯定就会偷懒。所以在雇佣期间就得给他们规定定额，干得动就得让他干”的态度，完全是一种以背叛为前提的认知方法。经营者与从业员工在市场原教旨主义的狂飙之中挣扎、拼搏着，从而一点点染上了慢性不信症这种思维定式病。

一位从大型企业退职的商业精英感叹不已。

我们那一代人，年轻时都努力学习业务本领，全身心地为公司干活，为的是老了以后生活有所保障。可以说把自己整个人生都交给公司了。我自己也相信这一点，所以把青春都奉献给公司了。可是到了退休时，我感觉自己就像垃圾似的被抛弃了。我的人生怎么是这样啊？一肚子委屈无处说，真是太可怜了。

这位“退休的一流员工”还曾经想着“什么时候该轮到我了”，找一个好的归宿，郑重其事地光荣退休。但是真的轮到他的时候，世道早就变得今非昔比了。

“忽左忽右文化”，导致混乱的元凶

当今社会，人们心中原有的“为公司尽力”的观念已经变得淡薄了。取而代之的是，“为了自己的利益”而工作的利己主义者多起来了。怀疑文化的蔓延，使整个社会弥漫着杀机。

现在，风险企业瞄准了大型企业，海外投资者瞄准了日本的企业，全都生了“觊觎”之心。这样的事情在美国自不必说了，但是在以前的日本，即便是合情合理，也是不可能发生的事情。

依旧抱着曾经的“事前沟通和委托文化”的人们怎么也不会相信，“竟然会发生这样的事情”；而另一方面，遵循市场原教旨主义的人们则认为“这有什么不好的”，对之不以为然。一方认为，“可以收购就收购啊。收购下来不就成为好朋友了吗”；而另一方则认为，“是好朋友就该早点说啊！哪有偷偷摸摸背后下手的啊”，一付义愤填膺的样子。二者完全就是不同文化的相互碰撞。这件事姑且不论谁是谁非,但是今天的日本确实处于“委托文化”与“怀疑文化”二者交织并存的状态。

而且，这种混乱状态继续发展下去的话，将会诱发“慢性不信症”更加广泛地蔓延。

支撑怀疑文化的8条规则

怀疑文化的存在自有支撑其存在的规则。在日本也一样，伴随着全球一体化的进程，下面8条规则正成为其流行于世的主体。

（1）怀疑一切。

（2）除法运算，分析、细化。

（3）减法运算，批评问题、拖后腿。

（4）注重逻辑，排除一切不合逻辑的因素。

（5）注重明确性，情况不明确则不向前推进。

（6）从局部看整体，只求局部最佳。

（7）追求唯一的正确答案。

（8）批评、对立，开展讨论。

以怀疑一切为出发点的“怀疑文化规则”是以笛卡尔所代表的科学思维法为基础的。在追求真实、“搜索犯人”的过程中，这是一个卓有成效的思维方式，并且在促进科学发展、研究、搜查等方面都发挥着重要作用。但是，并不能因此就认为这种文化可以适用一切领域。因为对于寻求解决方法的人而言，这同时也是一个使他们受到“慢性不信症”困扰的规则。

比如说，怀疑文化会给企业重组、合并、分离带来困难。因为人非机械，不能简单地切割、抻拉。如果把具有思想、情感的人也像对待机械零件那样简单更换的话，肯定会产生麻烦。

据 WTO 统计，发达国家中自杀死亡率以日本最高。大约是美国和德国的 2 倍左右，超过英国和意大利的 3 倍。查看最新数据，各发达国家大多保持历年水平，但是在日本则呈现出快速攀升的趋势。在日本，自杀死亡率最高的年份是 2003 年，而 73% 自杀者是 50 岁左右的男性，这实在是一个悲惨的结果。

使人身心俱损的“慢性不信症”

如果是一个一直存续着怀疑文化的国家，那里的人们自然从小就学会了与之相应的处世方法。但是，今天的日本却是一个怀疑文化和信任文化交织并存的社会。在美国也许是理所当然的事情，但转换到日本，对于在信任文化培育下成长起来的人们来说，那就意味着背叛，是对信任文化存在的否定，会使很多人感到痛苦不堪。

另一方面，据说在美国“员工杀死上司”的事件不断增加，不断出现下级员工因为怨恨解雇了自己的上司，于是杀掉这个上司的事件。日本也有这样的事情。

这样的社会规则蔓延下去，“搜索犯人”式思维法将会被世人广泛接受，于是家庭、公司都将变得昏暗一片，“未来丧失症”也将更加严重。“慢性不信症”使人的身心都僵化了，这自然抑制了人类与生俱来的活力，并且人的创造性也会随之枯竭。现在，我们必须转换思维习惯，掌握一个积极主动的、具有创造性的新规则，构筑起新的信任文化。

处方 共同策划、共同参与原则

改变抵触变化的人

如果希望培育起新的信任文化，思考问题时就必须重视被怀疑文化忽视掉的“人的因素”。**工作是由人完成的，人是决定成功与否的关键。**“人就是盘石，人就是长城。”一旦忘记了人的因素，简简单单地摆布他人的话，你一定还会患上新的毛病。

因此，首先应该认识到“所谓实行就是随着时间的推移，改变人的目的、价值观和行动”。

比如说，你是一位老字号作坊的继承人。最近产品需求量减少，放任下去经营上就将出现危机。你正准备尝试开发新的产品，但是作坊里的员工们却不想接新活儿。

这种状态下，经营者与熟练掌握技艺的员工之间就产生了对立，如果就此罢手那很简单。但是，你既要尊重员工们的意见，又要坚定不移地改革创新，同时还要使员工们切实感受到开发新产品的目的和必要性。因为,一旦能够使员工们自己提出新的方案，就能够激发出整个公司的活力。因为开发新产品是员工自己承担的工作，他们不再抱有对抗心理，所以干劲儿十足，结果皆大欢喜。改变了视角和观点，员工们多年培育起来的技能和智慧就能够发挥出新的力量，进而转化成为公司的强项。这就是激励员工掌握新的、引以自豪的技能，激励员工努力工作的方法。

反过来，也可以把这样的员工置换为顽固的领导。这位领导也许是经过顽强努力而磨炼出来的、具有卓越才干的人；他也许是此前用自己的方法取得过成功的人。但是，很有可能他或是她，现在已跟不上变化的速度，很难自行改变既有的视点和看法。

人会本能地抵抗变化。但是一旦拥有了共同的目的，他的价值观就发生了变化，行动也随之改变。切记，一定要设法使他人共同参与、共同策划，创造一个相互信任的团队。

你会觉得这家企业缺乏效率。的确如此，实际上没有比患上“慢性不信症”的团队更缺乏效率的了。不仅仅是宫崎总经理一个人，剩下的员工们也是一样的，最终把一个好端端的企业拱手让给了美国的大型连锁饭店了事。究竟是为什么进行改革呢？员工们付出的大量心血，到后来都化为了乌有。

创造“精英群体”

为了最大程度发挥出人的才干和能力，我们必须掌握新型思维法。在突破性思维法中有一项“共同策划、共同参与原则”，这一原则有两个内涵：

（1）赋予变革“意识”

“充分认识，自我变革”。人的“认识”非常重要。从外在形式上看，那家饭店解聘总经理的宫廷政变是一出因为掌握实权的董事们不“理解”改革而闹事引起的悲剧。但实际上，不管是谁做出的决定，都不能简单地采取下达命令的方式，一定要抱着“不是他人，而是我自身需要改变”的认识，认真思考怎样引导他人共同参加。不断地思考以下问题：“谁是相关人员？ 让什么人参与策划？ 必须派出什么人？”，从而能促进共同策划、共同参与。

（2）创造“精英群体”

这一点也很重要，即创造一个强有力的团体。俗话说“三个臭皮匠，顶个诸葛亮”。并不是简单地得到1+1+1=3就行了，要想得到3个1相加等于10的力量，就需要建立起信任文化。**根据突破性思维法，我们把以相互信任为基础组建起来的团体称为“精英群体”**。为了创建起这样的群体，还必须掌握“肝胆相照、信任文化”这样的新型思维法。

支撑信任文化的8条规则

做到“肝胆相照”不可缺少的是信任文化。请大家先牢记信任文化的8条规则。

（1）信任一切。首先从肯定事物起步。

（2）乘法运算。追求协同效应。

（3）加法运算。A、B 二者的意见相加，能够得出怎样的解决方案？

（4）重视形象。不只是应用逻辑思维，请使用直感和整体性思维。

（5）以临时决策把握整体。摸着石头过河，待把握住整体后再做判断。

（6）从整体思考局部。思考整体最佳方案。

（7）解决方案无限多。没有唯一的正确答案，扩展解决问题的时空。

（8）严禁批评、对立。

"信任文化的规则"与"怀疑文化的规则"正相反，所以不能同时使用。**在评审、管理的时候，应用怀疑文化的规则有效，但是在寻求解决方案时，则需要运用信任文化的规则**。

以检察官为例，他们工作时大多必须使用怀疑文化规则。但是回到家后，还是应该主要应用肝胆相照型的信任文化才能生活得幸福。如果无论在哪里都只是强调"我只遵从信任文化"的话，就要当心了。在今天的社会中，如果接到"爷爷，是我啊"这种以你孙子的口气打来的电话时，你要是一概信以为真的话，那恐怕就要倒霉了。所以说，要学会分别使用这两种思维方式。

共鸣式创造思维

请大家想想“共鸣”这个词汇。大家知道，竞争有时候也具有激发人的功效，但是在开展创造性活动时，“共鸣”就变得十分重要了。

在创造活动中有“独创”，也有协作创造的“协创”，还有共同创造的“共创”，这就是加法式思维。而且，进而还有大家都掌握了优秀的思维方法，思想产生共鸣后得到的创造——“共鸣式创造”。最初即便是小小的共鸣也行，这个小共鸣不断引发更大的共鸣，就将演奏出美妙的交响曲，这就是乘法式构想。

一旦掌握了这样的“共鸣式创造”的思维法，就可以构筑起相互信任的、强大有力的创造性集团。

> “抓住时代脉搏的策划者”和“具有熟练技能的员工”齐心协力开展事业，从一开始思想就产生了共鸣，策划者能够抓住员工们灵光一现的主意，员工们也会不断琢磨新的想法。只要设法让不同行业的人都参与意见，就有可能孕育出其他公司难以模仿的、有高新技术作支撑的新产品来。

请大家切记，一旦使慢性不信症蔓延开来，一旦企业内部有人扯后腿，就会造成莫大的浪费。在当今这个高效飞奔的时代里，能不能设法形成共鸣式创造和信任文化，关系企业竞争能力的强弱。

独臂擎天式的“独创”也很重要。但是，只有独创还不够，必须组合运用独创和共鸣式创造，才能使一个人难以完成的事情变成可能。当今时代要求我们具有高效思考能力，而“共鸣式创造力”就成了一项必不可少的技能。

在工作中实现“共鸣式创造”的心得

假如“我们公司也能够建立起信任文化、启动员工们共鸣式创造思维，那该多好啊”。读到这里，你也许会这样想。但是，与此同时，你又认为“上上下下都是患上了思维定式病的人，就我自己一个人能干什么啊”，你的大脑中是不是又掠过了什么不可能的理由？

而且，应该还有一些人，当听到上级说“你这个方案不行”时，就感到自己的个人能力和人格都被否定了，前途一片黑暗。有人甚至会感到心上被狠狠地扎了一刀，再也没有气力提出新方案了。一个人如果感到每次自己的意见、方案都会被否定，也许就会引发“恐惧失败的防御心理”，这样一来，不论受到怎样的激励，他也只是哼哼哈哈地应付一下。

遇到这种情况，请大家回想一下第 4 章介绍的“系统模型”。

你不应该把领导视为与你为敌的对手，因为他只不过是你为了达到目标的、为了得到确实输出结果的、构成整个系统的一个媒介而已。如果你认识到了他是你得出更好结果的“共鸣式创造伙伴”的话，你就能够明白领导说“这个方案不行”的真正含义，其实就意味着“你再琢磨琢磨，还能做得更好些”。即便是更严厉的批评也没有关系，你只需想到“说得对，如果再好好想想，可能会得出更好的方案呢”，心理上就能够接受了。

明确了目的和“理想状态”,你就会转而思考“应该怎样理解？应该抓住什么？”即便是对于同一位领导，你也可以产生出截然不同的看法，比如“这是个总说我不行的可恶家伙”和“他可是培养我的重要伙伴、媒介”。当你看待对方的态度以及做工作的方法变化了，结果也会随之发生变化。无论怎样，你能够做到正面吸收意见的话，所显现出来的则是改头换面式的变化。

公司内外的各种关系错综复杂，你只要彻底拥有了共鸣式创造意识，就能够与他人一起创造出优异的结果。通过共同享受喜悦和充实的工作热情，创造出强烈的信任感，就能够建立起一支强有力的团队。

委婉灵活、丝丝入扣式作战法

话虽如此，对于原本就不具备共鸣式创造思维的对手，也许你需要首先设法改变他的认识，使他共同参与。唯有如此，才有望尽早得出你所期待的结果。但是，人本身具有抵抗变化的心理，简单地强迫对方接受新的想法和文化难以收到成效。那样一来，再好的事情，也只能增添对抗情绪。

先要拿出你的成果。不要埋怨组织，也不要责怪别人，若掌握了“7 星思维习惯”，你就把自己实实在在的成果拿出来吧。只要你在自己的脑子中安装好了新型思维法，就一定能够取得好成绩。不要拖泥带水，务必坚持到底。

如果你打算改变工作环境，哪怕只是一点点，那么我劝你采取委婉灵活、丝丝入扣式作战法。如果对手患上了思维定式病，你就需要把视角转向“设定环境”上，委婉灵活地推进，使对方自然而然地与你一起思考目的。你要有意无意地向对方描绘出“理想状态”，引出共同的话题。在这个过程中，要使用对方明白易懂的语言，而不要使用突破性思维法的术语。

要使对方产生“这家伙说的是有点不一样”的感觉，一旦取得了实际成果，即便是头脑顽固的领导也会不加犹豫地批准你的方案。

实际上你的方案之所以能够得到批准，是因为你提出的是一项“7 星级”方案。

比如，在学习突破性思维法的初期阶段，一个只会唉声叹气的人恐怕总是在抱怨“领导是个老顽固，我好不容易想出的方案都通不过”。但是，仔细看一看你那个方案，其实并没有经过周密思考，即便没有患上“先例依赖症”的领导，也不会认可。相应地，一旦掌握了新型思维法，你推出的结果就会非常优秀，你会对自己的方案信心十足，方案说服力也就增强了。这时，领导自然会毫不犹豫地签字批准。

这样的信任文化和共鸣式创造思维法在会议、接待顾客等各种场合都可以应用。只要你运用得当，在与人打交道的任何场合都可以收到良好效果。

不思进取，只想辩解，任何事情都不会有所改观。打算改变之时就是机会出现之际。刚开始时，如果你不想花大气力进行大改变的话，可以试着向他人或者自己心中的“池塘”投进一小块石子。一点一点地投进小石子，一个一个小的涟漪之后，不知不觉中就会引起大的波澜。

成功的关键在于你“注意对方的什么”

在任何工作场所都存在着大批这样的人，他们并不处处炫耀自己，有的人只是默默地积蓄着自己的能力，有的人在他自己也没有意识的过程之中就逐渐培养起了特别的才干。看到并且学习、吸收他人所具有的技能和才干，反复钻研任何手册上也没有的“学问”，这将最终助你走上成功之路。希望得到这种启示的人，首先要培养自己“观”的能力。

实际上，只要彻底贯彻信任文化和共鸣式创造思维法，几乎就不会出现你的发言被否定的情况了，与怀疑文化氛围下的会议相比，同样的一个人就会有完全不同的发言内容。即便是一位顽固不化的领导，也会出人意料地讲出充满幽默、风趣的话来。有了这样的良好开端，就可以孕育出了不起的、出色的新概念。

无论看上去多么平凡的人，一旦你能够看到他身上的与众不同之处，能够看到他闪闪发光的能力，也许此时，你就已经掌握了共鸣式创造思维方法。而且，如果你能够“观”到以前在别人身上没有看到的能力，你就能够掌握越来越多的技能和才干。别管现状怎么样，首先从自己做起，从你自身开始吧。

处方笺 6

摆脱“慢性不信症”

- 尝试共同策划、共同参与。
- 随着时间的推移，一点点地改变人们的目的、价值观和行动，引导大家开展共鸣式创造。

7 星咖啡时间

超越生存危机

有个历史悠久的三星王国，正面临着一个严重的问题。女王总是找不到称心如意的夫君，心情十分忧郁。这问题已危及三星王国的生存。于是大臣们聚在一起连日商议，研究“怎样给女王找丈夫”。

大臣 A：我们已经彻底地调查、研究了女王究竟喜欢什么样的男士，这之前已经列出了所有的候选人。可是女王对哪位都不满意，真是麻烦透了。各位阁老，还有什么好主意啊?

大臣 B：越是这么大张旗鼓地去找，女王的忧郁症就会越严重。这么兴师动众的，闹得满城风雨，A 阁老，这可都是你干的。

大臣 C：A 阁老的努力还是有作用的，我们不是弄明白女王的喜好了吗？ 我们这不是已经摸索出一个解决方法了吗？ 我们不是还在想别的方法吗?

大臣 D：我觉得我们的精力过于集中在女王选丈夫这一个问题上了。好像这个问题不解决就会引起所有的问题似的。但是，我国臣民死气沉沉、愚昧无知，这难道不是导致女王选夫困难的根本原因吗?我请各位阁老不要局限于眼前的问题，还是先想想为什么要为女王选夫吧。

大臣 E：我认为治不好女王的忧郁症，就别想解决这个问题。无论如何得先治治女王的这个病。我们还是等御医开处方吧。

就这样，从一开始大臣们就分成两类，一类遵循的是怀疑文化规则，另一类用的则是信任文化规则。A 至 E 五位大臣，各是以哪种规则为基础思考发言的呢？

解答

怀疑文化（A、B、E）

信任文化（C、D）

以搜索犯人法和怀疑文化为中心召开的会议，找不出解决问题的方案。你对这样的会议早就感到厌烦了吧？ 可实际上如果听到了什么人的发言，你会不会又说“不行不行，这可不行”呢？ 说真的，说不定你自己就已经成为这种怀疑文化的源头了呢？

在怀疑文化的会议上，只要有人发言准会另有人提出批判，所以人人自危，怕自己什么时候就会受到他人的指责。

请大家试着彻底遵守信任文化的规则参加会议、与人交谈吧。根据突破性思维法，推荐大家召开“洋溢信任文化氛围的、热烈讨论式会议”。

在信任文化的会议中，谁也不必担心被别人否定，因而可以促进大家积极发表自己的观点，畅所欲言。如果自己的意见能得到别人的认可，每个人都会积极主动地面对问题、课题，会议则会生动活泼富有成效。正是在这样的吵吵嚷嚷式的热烈讨论之中，大家运用加法、乘法运算法则，孕育出无限多的解决方案。

变化恐惧症

病症 变化恐惧症

↓

适用人群 抵触变化、对变化过度敏感从而采取错误行动的人

↓

处方 继续变革原则

病症 变化恐惧症

问题如山，如同“步入迷宫”

案例故事

坂田先生是某政府机关的职员，一次，他发出了这样的抱怨：“我们单位每天都开会，没完没了地商量事情。无论什么问题，只要一提出来，就是这个不行啊，那个不对啊，全都是反对的意见。就算进入下一步的具体实施阶段，又是这个人说应该这样，那个人说应该那样，马上还会有人对某个方案提出新的批评。”

于是，大家就感觉到即便是什么好主意，也一定“存在着什么问题”，然后就不了了之了。一般情况下，往往是什么建议一经提出，发言就会中断，接下来就是“哎呀，这很难做到啊”一类的牢骚，最后主持人说上一句“好吧，今天的会就先开到这里”，宣告会议结束。而且，第二天，又会有新的问题提上会议日程，大家再没头没脑地议论一番。

每次都一样，讨论半天也没有结果，问题就被搁置在一边了。下次又有别的问题了，依然重复“讨论、搁置”的程序。会天天开，可是问题仍然没有得到解决。而且，同样的问题在一年之后，往往又会作为新的问题重新登台亮相。而且，简直就像是回放上一年会议的录像似的，又重新讨论一遍。经过讨论并得以实际解决的问题，究竟能有几个呢？

牢骚归牢骚，但这位职员自己也没有积极努力地去改变这种现象。大家似乎也在思考，“真的就这么下去了吗？ 以前总会有人想过什么办法吧？ 即便是麻烦也要试试啊。”但如果提出什么建议的话，就会立即遭到反驳。“你觉得行的话，就试试吧”，这种冷冰冰的态度，也会使你对自己的优秀方案变得不自信起来。

这样一来，大家总是抱着一大堆未解决的事情，感觉就像进入了一个永远找不到出口的迷宫一样。甚至，你会忘记自身已处于迷宫之中。而且，即便是提出了以前提过的同一件事情，你也勉强才能回想起来。“为什么不能在事件再次发生之前，找到解决方案呢？”当有人这样问你时，你是不是会这样回答：“我仔细想了，好像没有发生过这样的事。我们天天都在开会，忙得不得了啊。”

如果进入了迷宫之中，问题会慢慢自行解决或消失也就算了。

但实际上，“暂时搁置”的问题并不会消失，很有可能会不断膨胀、扩大起来，最终甚至落到不可收拾的地步。

恐惧变化的“热水里的青蛙”

案例故事

很多人都听说过“煮青蛙”的故事。

把青蛙放进锅里，然后慢慢加温。最初青蛙游得很起劲儿，但是随着温度的上升，它的动作会逐渐慢下来，像是在泡温泉一样。“真舒服啊，这温度很合适！”它开始闭目养神了。接下去再加热的话，它也会待在锅里不动不跳，最终变成一只煮熟的青蛙。

如果感觉不到锅下面正在不断地加热，情况时时刻刻在变化着，你就会泡着“锅”温泉（安居于过去的延长线上），变成一只“煮青蛙”。包括日本的旧国铁、道路公团和第三部门（The Third Sector）[①]在内的一个接一个倒闭的大型企业里都发生了“煮青蛙现象”。

不光是“煮青蛙”，今后也应该注意“热锅上的青蛙”。请大家想一想，把青蛙放进平底锅，也是在锅下不断地加热，会

① 第三部门又称志愿部门。——译者注

出现什么情况呢?

是的，热！烫！ 青蛙一感觉不对劲儿，就会跳起来。与泡在热水中忘记了向外跳的青蛙不同，平底锅上的青蛙立即感觉到非得跳出去才行。不过，跳出去是跳出去，如果掉到了火上那可就太危险了。所以，需要沉住气，需要稍微琢磨一下跳出去的事情。我们将这时的青蛙称为“热锅上的青蛙”。

但是，不马上跳出去的话，可就要变成“烤青蛙”了。这其中肯定有打算果断跳出去的青蛙。但是，“跳出去也未必就行吧？”无论什么时候都会有扯后腿的青蛙。就在青蛙们犹犹豫豫反复商量的功夫，它们就变成烤青蛙了。

多数现代人都处于“热锅上的青蛙”这种状态。平底锅下面的火就是“变化”。只要没有这把火，即便跳出去也不会落到火上面，就那么原地不动地待下去也不会变成烤青蛙。但是，现代社会瞬息万变，你必须防患于未然，必须做好脚底下将要燃起熊熊大火的准备。在以前变化较慢的时代里，“变化恐惧症”这一思维定式病还不算个问题。但是在今天，恐怕就会让很多人感到头疼了。

人天生抵触变化。正如物理学法则所说，动则生出摩擦。今天，事先吹吹风、让人精神预热的情况变少了，因而，对时代的变化抱有危机感的企业和组织多了起来。所以，我们要高喝一声，“打破现状！”大家对此应该都是赞成的。不过，一遇到具体事情，很多人还是会一个接一个地抛出做不到的理由。因为**人们往往并不**

是去摸索更加优秀的解决方案，而是出于抵触变化的心理找出做不到的理由。

你周围有没有那种强调做不到理由的“扯后腿青蛙”呢？你是怎样做的呢？无论是谁，或多或少都有点想拽住那只打算跳出热锅的青蛙的腿吧。

最根本的解决方案中也存在着巨大的变化。对于热锅上的青蛙而言，它肯定害怕锅下面燃烧着的火焰（变化）。但是，抵触、回避变化的“变化恐惧症”会导致你不想动，后果就是你很快就会被烤熟。

飞蛾扑火式多元战略

“变化恐惧症”有两种症状，一是惧怕从平底锅中跳出来，避免其他危险；另一个则是即便跳进熊熊烈火，也要拼命往外跳。认为“变者为善”，是“为了变化而变化”的思维方式。因为如果不从平底锅中跳出来，早晚会变成“烤青蛙”。

对于后者，我们称之为“堂吉诃德型”，就是那种先变化了再说、变化后却身受重伤的类型。

最近，多元化战争游戏热风靡日本。很多企业一旦将制作这种游戏软件作为主业以外的重要经济支柱时，就化为“堂吉诃德型”的企业了。其结果就如同夏日里“扑火的飞蛾”一般，多数企业扑进火堆后，灰飞烟灭了。这些企业虽然设立了一个又一个的关联实体，但都是些支出大于收入的项目，反而成了企业的负担，给企业经营带来巨大压力。

跟风而作的企业重组大会战

如今很多企业纷纷大规模重新组合，好像所有人都患上了“先例依赖症”，只要有哪家公司开了个头，其他企业也会一窝蜂似地着手企业重组。日本的泡沫经济破灭之后，所有的企业都感到大难临头，焦躁不安，不断地想着“总得做出点什么才好”。也就是说，平底锅上灼热难耐，而且也眼看着不少没有“跳出去”的企业一个接一个地变成了“烤青蛙”。

此时此刻，环视一下周围的情况，有的青蛙正一蹦一蹦地向外跳着。别的公司着手企业重组了，有的还幸运地在安全地带着陆了。“那样的话，我们公司也干吧！”这种跟风行事的企业，尤如患上“先例依赖症”的青蛙。

但是请注意，那里确实是一处安全地带吗？别的公司好像是安全着陆了，但自己的公司如果也照方抓药跟着干的话，却很有可能会掉进火堆，变成了一团“青蛙火球”。因为你忘记了自己所具有的与众不同的独特性。

其实，貌似安全着陆的公司，说不定只是跳进了一个更加灼热不堪的平底锅中。而且，不停地跳跃也许会使你变得筋疲力尽。实际上，进行重大改组之后，很多企业看上去暂时得以复苏，但是没过多久，他们就吃到了草率行事导致破产、倒闭的苦头，这样的例子不在少数。

是应该立即跳出去吗？还是应该老老实实地待在锅里？怎样做才好呢？我们必须直面这个前途难以预料的时代。因为跳出去存在着危险，不跳出去也存在着危险。

你所在的公司或者组织情况怎样呢？是不是问题堆积如山，并且被“暂时搁置”了呢？你自己是一只处于哪种状态的“青蛙”呢？

究竟应该怎样做，才能摆脱这种犹豫彷徨的“变化恐惧症”呢？

处方 继续变革原则

靠“安全脱身计划”得以生还

就像那位对连日召开“迷宫会议”深感不满的坂田先生一样，很多人都患上了“变化恐惧症”，像热锅上的青蛙。他们感觉到了在热锅上的危险，意识到不能再这样待下去了，于是开始商议对策。但是说到跳出去的办法时，有人会说“那太危险了”，又遇到了一群扯后腿的青蛙。于是就先什么也不做，等到问题变大之前就那么凑合着吧。或者他们会提出一项勉强说得过去的方案，依照先例而行，就是不停地转向其他平底锅。但是这并不能从根本上解决问题。

不从热锅中跳出来，就会被烤焦，因为你无法熄灭熊熊大火，即不能阻止变化。但你又担心跳出去会落到火堆中。思来想去，除了奋力“安全地”跳出去你别无他选。问题在于“安全”二字。

“安全”脱离平底锅的关键词是：根本、整体、未来以及继续变革。这就是克服“变化恐惧症”，即安全地跳离平底锅的四个思维方式。

第一，从根本出发重新思考。

请大家注意，在平底锅上思考“怎么办”时，究竟应该怎样思考、思考什么呢？是不是在过去的延长线上思考呢？就如同向过去的成功事例、向竞争对手的事例学习那样吗？请注意，这些依然还都是"先例依赖症"的表现，因为你已经习惯了，所以总是觉得在过去的延长线上思考问题比较安全。

丰田公司设立"根本研究所"为的就是"返回事物的根本，看清楚事物的本质，从而确立21世纪的新事业"。所以说，必须先抓住事物的本质，然后才有望获得真正的安全。一棵根部已经腐烂的植物，不可能结出健康的果实。

第二，从整体出发"观"事物。

在寻找从平底锅中跳出来的落脚点时，你的目光所至之处大概只集中在其他青蛙们跳向的地点，或者是看上去似乎安全、火势小的地点。这还是像从遭受炮击的大和号战舰跳进大海，群集于榻榻米上最终沉入海底的士兵们一样，患上了"先例依赖症"，或者是视野狭小、被有限的解决方案束缚住了，即患上了"冰山一角症"。

但是，纵观整体，实际上解决方案应该很多。重新审视、观看整体，就能够看到对你来说真正安全的地带。经常从整体出发观看局部，是安全"逃生"的关键。

第三，向未来学习。

没能从平底锅中跳出来的青蛙们，是因为没有看到明确的落脚点。而后它们又一味地使用"搜索犯人"式思维法，但是越思考越觉得未来变得更加模糊不清了，于是丧失了跳出去的勇气。

这就是典型的“未来丧失症”。因为在你“搜索犯人”的时候，大火已经毫不留情地熊熊燃烧了起来。

先例并不是安全地带，新的安全地带必须靠你自己去设定。因此，需要你思考、设计未来的理想状态，并且在向未来学习的过程中思考现状。这就是向抓住了本质的理想状态“情人”学习。寻觅你心中的情人，增加未来的情人。只有这样去做，你才能够拓宽得以着陆的安全地带。

第四，继续前进。

不可疏忽、不能忘记的一点是“继续变革”。激烈的变化使所有一切瞬息之间化为陈腐。未来也将在“达成”的同时变成过去。如果安居于着陆的安全地带，还是会变成烤青蛙的。

预防变成“烤青蛙”的方法就是毫不松懈地继续变革。常备不懈，不停地审视“未来货架”，从而思考下一步，接着是下一步的下一步。这就是突破性思维法的第 7 个处方——“继续变革原则”。

昔日风风光光的风险企业却走上了破产倒闭之路的不在少数，原因就是“情人”太少了。你应该做的事情就是把已经实现了的未来迅速移放到“过去房间”中。如果“未来房间”总是处于库存丰满的状态，你就能够一个接一个地拿出新的创意。一旦库存空虚，你就走到头了。

上述摆脱“变化恐惧症”的四个思维方式，是抵御包括前面介绍过的“先例依赖症”、“冰山一角症”、“未来丧失症”等思维定式病的对策，只要你彻底贯彻执行，这几种病症都是可以治愈的。

但是请各位务必注意，你一旦疏于“继续变革”，“变化恐惧症”是会旧病复发的。

逃避只能增加恐惧心理

待在平底锅上琢磨该怎么办时，你是不是最终想的是“做不到的理由”？这之中潜藏着恐惧变化、怕麻烦、怕费事、想逃避的种种心理。一个习惯于被动处事的人，极为恐惧做与众不同的事情。因为打算跳出热锅需要极大的勇气。你所担心的就是“大家都一动不动地待着，只有自己出头露面”。

那么，你就打算跟大家一起在火上接受灼烤吗？实际上你是钻进了“面子、别人的看法”这种看不见的牢笼之中了。视野狭小则行动会处处受到制约，结果白白断送了难得的大好人生。前面已经说过多次了，今天是一个在过去的延长线上找不到未来的时代，“我先等等看，保准会有什么人能想出好办法的”、“谁都不动，我也不能动啊”，就这么等着，是永远也抓不住未来的。

你深信不疑的观点和你周围扯后腿人的想法都是一样的，都是行不通的。一个人被无形的诅咒束缚得一动不动，简直太可笑了。

从长远的角度看，放弃了认真思考，实际上会在“更加恐惧”的恶性循环中越陷越深。**一旦你放弃了，就会养成“放弃”的习惯**。但是，今后的变化会越来越激烈的。那样你岂不是深深地陷入这种恐惧之中难以自拔了吗？ 精神压力也将变得越来越大，你越想逃避就越逃不开，变化的烈焰会滚滚向你逼近。你打算选择怎样的人生呢？ 是打算现在先躲开吗？ 还是让恐惧烈焰（变化）的心理一直伴随着你呢？

三思而后行者最幸福

与其误入这个“恐惧变化的迷宫”，不如面对现实深入思考，因为只有安全地跳出去才是上策。实际上，**与其被恐惧笼罩着生活，不如不断地思考、不断地前进更好，这样的人生才舒服安逸。而且，如果你希望拥有良好的思维习惯，一开始就必须意志坚定。只有如此，你才能够更加舒畅、更加快乐地深入思考。**不管遇到什么难题，你都能从容应对，那将是多么愉快、多么幸福的人生啊！

读了这本书之后，即便是周围的人都察觉不到，你自己也能感觉到变化的火焰。即使火舌已经卷到了周围的人，你也不必惊慌失措地往外跳。因为你已经拥有了足够的力量，需要的话，你会自然而然地把这股力量运到整个身体中，然后轻轻松松地跳将出去。

好了，现在试着问自己四个问题，“究竟是为什么？”“理想状态应该是什么样子？”“那么，我应该怎么做？”“这之后该干什么？”只要你牢牢抓住根本、把握住整体、描绘出一个个光明的未来，再奋力一跃，你就有望在安全地带着陆了。请注意，此时还需要接着寻找新的、未来的、更加美好的安全地带。此时，你已经变得不再恐惧变化，而是享受变化了。养成快快乐乐面对变化的习惯吧。

分别使用新旧思维习惯

下面，我们将介绍一则企业应对“变化恐惧症”的例子。

案例故事

丰田汽车是一家以改革活动闻名的大企业。丰田因为思考了“终极理想状态”，在企业内部形成了“这个不合格”、“那个有必要进一步改善”这样一个经常“眼观心想”的自检机制，建立了免于患上“变化恐惧症”的、不断挑战的企业文化。

改善活动即是进行“改善过去延长线”的活动。改善的同时，将目标定位于向世界挑战、取得更大飞跃，这是一项充满朝气的、运用“突破性思维的活动。丰田的思维方式是既掌握传统的思维方式，又积极地学习新型思维方式，鼓励员工能动地进行思考。

在思考丰田为什么如此强大这个问题时，感受丰田的“思维方式”对该公司产生的巨大影响十分重要。

请大家思考一下“改善活动”和“突破性思维法活动”双管齐下的意义。“改善活动”是根据传统的思维习惯开展的活动，即与其从平地热锅中贸然跃出，不如“在平底锅上分析、找出问题点，然后思考对策，改进工作”。这也是一种非常重要的活动。

另一方面，也不放弃做从平底锅中一跃而出的准备。比如，丰田公司通过不断改进，早就将传统的使用汽油的汽车发展成便于乘坐的交通工具，形成了良好的市场。但是，丰田又推出了被称为混合动力车的全新型概念汽车，创造出新的巨大市场。这可以称得上是从平底锅中飞身跃出的活动了。还有，一旦跳出来之后，丰田又应用传统思维方法启动了改善混合动力车的活动。

当然，他们同时还做着从下一个平底锅中跳出来的准备，据说他们正在研制是氢气发动机汽车。何时能够飞跃出来？ 这由丰田今后的企业战略所决定，不过，肯定会有下一个飞跃的。

企业和个人的成长都是靠“改善”和“突破”这两个轮子推动的，这就要求你不能一味安于传统思维方式，而是要最大限度地运用新型思维法。

摆脱“变化恐惧症”

- 变化带来享受，令人心情愉快。向根本学习！向整体学习！向未来学习！
- 务必“继续变革”。

7 星咖啡时间

分类诊断“变化恐惧症”

你现在正急迫地准备解决问题，虽然想出了几个对应的方案，但是心里仍惴惴不安。面对这种情况，你通常会有怎样的反应?

A：现在的办法还不够完备、难以顺利实行。需要客观分析事物，说明“为什么这个方案不能顺利实行”。

B：对现在的方案不放心，所以无法实行。处于放又放不下，做又不知道该怎么做的茫然无措状态。

C：自己好不容易想出来的办法，无论如何也想试试。

D：心里总觉得应该先把方案放放再说。

E：正在重新思考究竟什么才是真正应该解决的问题。焦点集中在怎样不受传统方案的束缚解决问题。

诊断

A：善于批评型

你具有分析事物、指出问题关键点的能力。调查、分析这个问题，撰写论文应该能够发挥出你的能力。但是，现在对你的要求是得到解决问题的具体方案。

满足于指出问题点，却拿不出解决方法和实际应用，那你就是一名在说“办不到理由”的专家。你原本打算为解决问题有所贡献，但实际上很有可能只是一只“扯后腿的青蛙”。而且，在你出于好心扯后腿的时候，自己也将变成一只“烤青蛙”。所以，与其空谈“问题是什么”，不如强化一下自己的意识，使自己专注于“怎样解决问题”，以进一步向前发展为目标。

B：自我束缚型

你属于虽然抱有危机感、打算做出相应对策，却迟迟不肯付诸行动的类型，是一只“热锅上的青蛙”。

你是不是正在寻找“唯一正确的解决方案”呢？ 但是，就在你等待唯一正确答案，尚未采取相应行动的时候，问题有迅即恶化的危险。坐以待毙的态度将使你变成一只“烤青蛙”。

你虽然认识到了“某个正确的答案”，却总是想：“果真用这个方法就行吗？ 这个是正确的解决方案吗？”因这样那样的疑问而犹豫不决，所以你难以付诸行动。

如果你希望解开这个魔咒，就需要认识到“解决问题存在着无限多的方法”。对于解决问题的方法，你想得到多少，就能够创造出多少来。“如果按压不管用的话，你就设法拉一把或是拽一把”，也就是说，这样做行不通的话，你就应该尝试着换一种做法。如果一个方法解决不了问题的话，你就应该准备下一招，还有下下一招。去享受制定解决方案的乐趣吧。请务必注意，千万不要成为自取灭亡的类型。

C：自取灭亡型

你具有飞身跳出平底锅的勇气和实行能力，但你的着陆地点存在着问题。能够偶尔跳进伊甸园的话，那是你的幸运。不过，如果是跳进燃烧着的火堆上或是荆棘丛中的话，那可就说什么都来不及了，你也许会变成一团“青蛙火球”。所以，不能抓到什么算什么那样盲目行动，不能随便地胡乱跳出去。务必确定是否选择了符合目的的解决方案。请你牢牢记住设定环境、展开目的、描绘出未来“理想状态”这几个步骤。

D：任人摆布型

不知不觉之中你就变成了这个样子，总是不断地把问题向后拖延。你属于“煮青蛙”。请务必注意，时代在飞速变化着，而当你察觉到了变化的时候，往往为时晚矣。你需要培养起在问题尚未扩大化、尚未复杂化之前制定解决方案的习惯。但是，一旦你致力于解决问题时，也许会变成A~C型，请参照上面的内容。

E：突破摸索型

你属于不受当前解决方法约束的、努力创造新的解决方案的类型。好像你已经具备了解决问题的能力。你是一只“突破型青蛙”。但是请注意“能否重新抓住问题的本质”和“怎样抓住更加优秀的目的”这两点。因为能否解决这两个问题，所得的解决问题方法的质量是大不相同的。请你把目标锁定在“致力成为解决问题专家”上吧。请你着眼于更优秀的目标，为了描绘出更加充实的未来蓝图，精益求精、磨炼能力吧。

10 大步骤，创造独一无二的未来

第 1 步 信任法，进行“共鸣式创造”
第 2 步 设定环境法，制定“量体裁衣式”解决方案
第 3 步 以目的为核心，层层展开
第 4 步 找到“抢眼目的”
第 5 步 向未来学习
第 6 步 谨记终极理想状态
第 7 步 创建有想法的“未来货架”
第 8 步 系统模型，构建整体流程
第 9 步 以最少的信息创造最优解决方案
第 10 步 继续变革，掌握新型思维法

应用“7 大原则”产生协同效应

我们已经在前面向大家解说了摆脱思维定式病的处方，即突破性思维法的 7 个原则（见图 8—1）。下面以这 7 个原则为基础，进行更为详细的说明。怎样才能克服先例依赖症、思考缺乏症、未来丧失症、信息肥胖症等各种病症呢？我们已经在有意无意之中就把这些原则装进脑子了。如果你能够自然而然地应用这些相应对策的话，就可以有效地远离思维定式病。

但是，作为更高的目标，不能只是单独使用某个处方，而是应该自如地将所有的处方综合起来使用。

比如说，由于“设定环境”使得目的（根本）发生了变化，又因为目的的变化引起未来“理想状态”产生变化。“理想状态”一经改变，系统也随之改变。当然了，因为信息受环境的影响，所以为实现目的和“理想状态”而收集的信息的质与量也要发生变化。收集信息时，不可缺少相关人员的参与。而且最为重要的是，对于所有的原则而言，全部都适用“继续变革原则”。

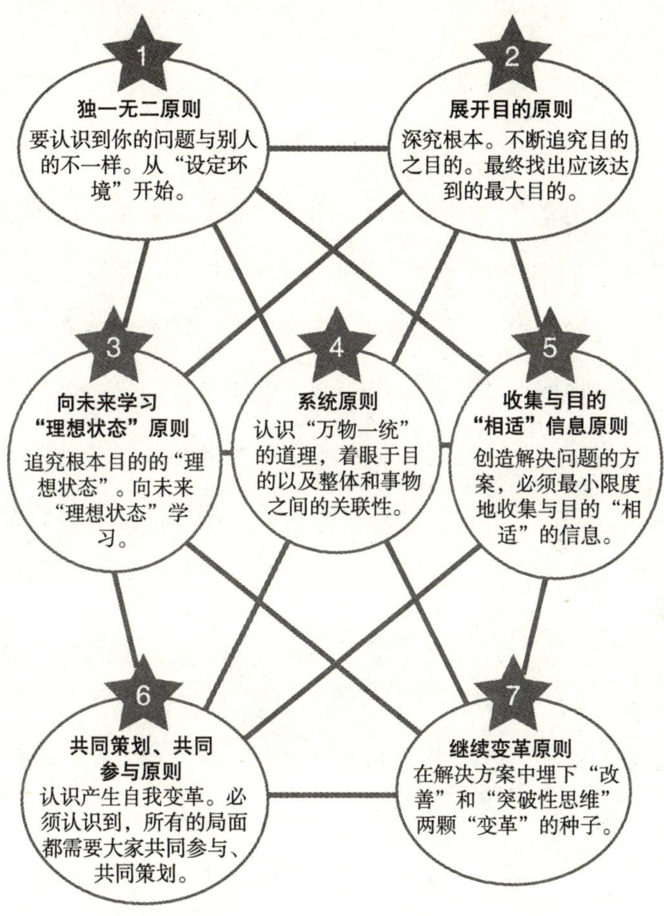

图 8—1　突破性思维法的“7 大原则”

“7 大原则”并不是各自独立、彼此割断的，而是相互关联的一个整体。通过综合运用“7 大原则”便可以产生“协同效应”，可以取得更大的成果，所以不要单独使用某个原则。无论是工作时还是在生活中，又或是思考什么事情，请你一定确认一下，是否已经把这 7 大原则的开关都打开了？这就是获得 7 星同辉的最佳途径。

为了便于你熟练掌握、灵活运用突破性思维法的这 7 个原则，我们在本章将整体流程归纳为了 10 个步骤。

如果你能把 7 大原则的思维线路谙熟于心，将如虎添翼，并且一举成为可以能动地自我思考的“领军型人才”。

在下面解说的 10 个步骤中，为了便于大家切实感受、充分理解要经过怎样的思考过程获得新型思维法，我们将通过相关实例进行详细讲解。这次出场的是初次接受突破性思维法培训的五位商业人士，他们的职业、性别、年龄都各不相同。给他们五个人的课题是一样的，即“汉堡包专营店的经营”。这五个人的职业均与此行业无关，但是作为一名消费者又都对这一行业的经营情况感兴趣，基于此我们选择了这个题目。

那么，他们能够孕育出怎样的新型经营状态呢？ 让我们通过这五个人的相互讨论，一步步去掌握突破性思维法。

第 1 步 信任法，进行“共鸣式创造”

正如在第 6 章中所讲述的“慢性不信症”那样，适应了传统思维习惯的人，会在不知不觉之中受到“怀疑文化规则”的支配，于是，脸上就不断显露出“做不到的理由”。因此，首先需要把自己头脑中的“怀疑模式”转换到“信任模式”上来。

实际上，以“怀疑模式”进行讨论的小组和彻底贯彻“信任模式”的小组，在所输出结果的质和量上都存在着极大的差别，所以，大家心里一定要时刻牢记着“信任文化的规则”。不能只是模模糊糊，而是要清清楚楚地记住“信任文化规则”的具体内容。

在此，我们假设正在进行小组讨论，你一个人思考时的步骤也跟小组讨论时一样。第一步，停止否定自己的想法，规定好时间，在这段时间内彻底贯彻信任文化，这是最为有效的方法。

如果小组全体成员都把自己的大脑转换为“信任模式”，就可以确确实实启动“共鸣式创造”了。但是，在开始“共鸣式创造”之前的关键一步是，一定要设置“独创”的时间。在各个步骤的开始阶段，要有一定的时间供每个人自我思考。不这样做的话，就容易回到只是听他人的意见、只是批评他人那种传统型的思维方法上。每个人经过了充分的思考后叙述自己的想法，认真听取其他每名成员的意见，一边做着“加、乘法运算”，一边完善解决方案。这是一个必不可少的重要运作过程。

只有掌握了“共鸣式创造”的思维习惯，才能够构筑起一个相互信任的、强有力的、创造性的团队——“精英群体”。有了这样的“精英群体”，一个人单打独斗难以完成的大事情、新项目，靠着群策群力就变成了可能。

进行“共鸣式创造”时，由一名成员担任会议主持。而且，在大家尚不完全习惯“共鸣式思维”时，为了使所有成员都能够畅所欲言，需要制定这样一个规则，即讨论中“一名成员发言后，全体成员必须按顺序根据他发言的内容发表各自的意见”。为了使讨论不跑题、不会拖延，需要会议主持严格把握时间。

第2步　设定环境法，制定“量体裁衣式”解决方案

笼统地思考一般情况，就只能得出一般性的解决方案。我们在这里强调的是因人员、地点、时间不同而有所不同的、特定的解决方案。明确了“中心人物、地点、时间”之后，一个清清楚楚的“环境”就立刻显现出来了。

现在，参加培训的五名商业人士将一个个出场。就职于IT企业的A大声吆喝着，“我要好好想一想新型快餐店的‘理想状态’，我一定要想出一个人人都想效仿的全新模式来。我就建一个‘买单来’[①]快餐店吧！”A的话音刚落，小组一下子就进入到了“共鸣式创造”的和睦气氛中。讨论决定把“设定环境”定位于：人员：60岁年龄层的人；场所——日本的城市部；时间——今后10年。

“设定环境”确定之后，脑子中一定要时刻想着“人物、场

① 谐谑麦当劳发音。——译者注

所和时间”，这一点很重要。但是，在讨论的过程中，大家往往都会忘记“原来设定的人物”。虽然应该以60多岁的人为中心思考，但实际上，大家往往想到的是“因为我喜欢”、“这很平常啊”等。为了防止发生这样的状况，需要制定一个考核系统。接着，50多岁的D站在“顾客的立场”上开始发言。为了使讨论内容不游离于题目，从顾客这个角度样发言具有刺激作用。

另外，在思考过程中，也许会有人想出“到了60岁，有人就不吃肉了”这一类现象。例外的事情要是说起来就没完了。而且一旦出现这样的局面，就很难回到正题上来，那将浪费大量的宝贵时间。

一旦出现这种情况，应该立即采用“正则性原则”加以纠正。所谓**正则性指的是“最容易频繁发生的事情和至为重要的原因”。不要把所有的事情都一起处理，首先是确定最为优先的“正则”，然后寻找解决方案，这就是所谓的“重点思维法”**。然后再考虑例外的事项。实际操作时，如果解决方案能够紧紧围绕正则制定的话，处理例外事项就不那么费事了。

第3步　以目的为核心，层层展开

为了创建划时代的快餐店“买单来”，这五个人开始热烈地讨论了起来。但是，最初大家的脑子里怎么也脱离不开传统型汉堡包专卖店的影子。“内装修要做得更漂亮”、“需要增加食谱”等，大家想出的点子东一个西一个。

因此，五个人开始重新追问“汉堡包店的目的”，并且把目的一层层展开。先从大家想出的点子中选出了“眼睛可以看得见的目的＝小目的”，再一步一步地追问“这个目的的目的是什么”，继续向下展开目的。

五个人讨论时，先从“吃汉堡包”这个目的开始，随着不断地追问目的，形成了图 8—2 所示的情形，各种各样的想法都激发了出来，他们意识到了“自己是怎么被传统型思维束缚住的”。逐渐地，大家开始捕捉到了“什么是根本”的感觉了。

在展开目的时，交替重复“只改变动词”和“只改变名词”的程序，是一个可以放大目的、锁定目标的方法。比如说，一气儿从“品味面包和汉堡包”跳到“体验（新鲜的）动感”的话，就容易漏掉这二者之间的目的。关键在于必须把不那么大的目的、不怎么起眼的目的放在心上，最终的目的是在不断展开过程中选出来的。在这个例子中，缺少了一步步仔细地展开目的的话，就不可能得出“美味”这个关键词了。

无论思考什么目的都一样，新的、出色的目的“潜伏”在“过程”之中，关键在于你怎样才能发现它。当你确认只列出了必要的目的、并且认真地变换了动词和名词之后，隐藏在其中的视点或者观点就会“啪”地一下子变成目的显现出来。

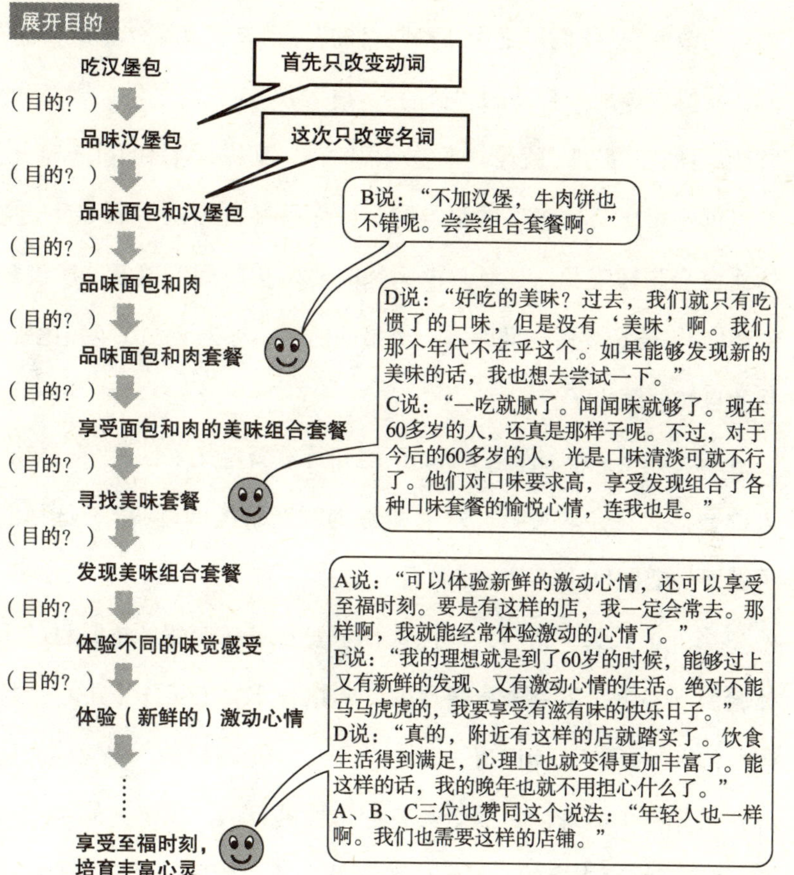

图 8—2 在展开目的的过程中可以得到"认识"

第 4 步　找到“抢眼目的”

在连续展开目的的过程中，你应该能够实际感受到“视点、观点的改变”，我们称之为“抢眼目的”。当有了几个“抢眼目的”时，就要去掉那些普通的“目的”，请大家务必选择具有新鲜感的“抢眼目的”。另外，就像“享受至福时刻”那样，当目的过于庞大、难以锁定得出具体想法的焦点时，请你最好再确认一下“对于主体而言会怎样变化”，“要解决问题需要多少时间”以及“所设定的环境”。假定要解决问题需一个星期的话，与 5 年、10 年相比较，目的自然就缩小了。

总之，“你是否摆脱掉旧的束缚并且重新定义了目的？”“核心人群会喜欢、会购买吗？”“有足够的时间解决问题吗？”选择的关键即是把握目的、人物和时间。

当五个人为一组时，他们选择了发现美味套餐（抢眼目的）、体验激动心情（下一个抢眼目的）和培育丰富心灵（下下一个抢眼目的）。顺便说一句，下一个、下下一个抢眼目的，需要你去选择比最先吸引眼球的目的更具有冲击性的目的。思考的脉络应该是：“为了培育丰富的心灵→体验激动心情→所以，要发现美味的套餐”。

需要从“60 岁年龄层的人、日本的城市、今后 10 年”的角度思考“价值观、尺度、目标值”。**无论发现了多么美好的目的，只**

要你没有明确“怎样才能达到目的”这一步，就说明你还不知道怎样才能到达胜利的终点，所以你还需要奋勇向前迈进。弄清楚了你的“价值观、尺度和目标值”，就可以集中调配劳力和成本，也才可以顺利地取得成果。

这里所谓的价值观，即是通过确定人的行动的主观性看法，得出“此为上策”的认识特性。可以用形容词和副词表现这一特性。比如，表现“写字”的目的时，你是“写漂亮的字”呢？还是“快速写字”呢？你所希望达到的目标和中间过程都是变化不确定的。这里的“漂亮的”和“快速”就是价值观。

最初，你脑子里可能会浮现出很多价值观。我们还是以汉堡包为例吧。诸如“比起普通口味的来，还是要绝妙口味的啊”、“比起距离远的店铺来，还是近的更重要啊”等，你需要比较判断哪个最重要。

在此，还必须甄别“当然应该有了”这种必不可少的价值观和“有的话就太好了”这样独特的价值观二者间的不同。这五位选择了“绝妙的、令人感动的、距离近的”三项。

选择出价值观之后，下一步需要思考衡量价值观的“尺度和目标值”。所谓尺度就是客观地评价这个价值观的标准。而目标值则是在这个尺度上刻画出具体的数值目标或者到达目标。

比如说，在“快速写字”这个尺度上选择出“速度”来，确定目标值为“一分钟写 60 个字”。对于这五位选出的目标值“绝妙的、令人感动的和距离近的”而言，分别按图 8—3 那样，确定尺度和目标值。

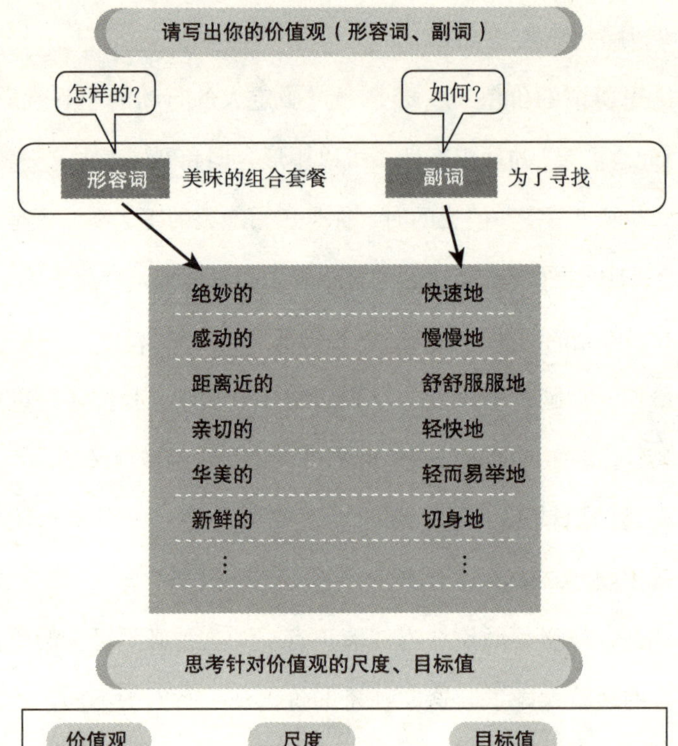

价值观	尺度	目标值
绝妙的	上瘾（习惯性）	（绝对点）每日 （相对点）3日1次
令人感动的	想说明的度	100%
距离近的	距离	乘车时间在5分钟之内

图 8—3　请写出你的价值观（形容词、副词）

第5步　向未来学习

即便是好不容易得到的、划时代的伟大目标，如果你错把它放到“过去房间”之中，那么无论怎么努力，你最后得到的还是一个传统型的解决方案。请务必注意，最重要的是一定要把目的放到“未来房间”中，彻彻底底地向未来学习。而且，在“未来房间”中只找到一个解决方案还不行，要找出大量的解决方案来。

不过，一旦抓住“发现美味的组合套餐”这个目的，“我岂不是要跟汉堡包说拜拜了吗？”说不定你会生出这样的不安心情。实际上，这是非常重要的。站在“过去和现在房间”中思考问题，你就会被拽回到过去之中。**一旦离开过去和现在、创造出着眼未来的解决方案之后，你就可以重新瞻望过去和现在了。这样一来，你将可以获得完全不同的视点或观点。**

五人小组为了达到“发现美味的组合套餐”这一目的，首先分别“独创”出“理想的状态”。五个人在独创时，必须详细地思考店铺的结构和形象，也必须将其描绘出来，而且要起一个概念名称。如果每个人想出10个概念的话，就进入到“共鸣式创造”阶段，大家各自发表自己的想法，扩展思路。

- 只提供几种口味的话，顾客很快就会吃腻的。要让大多数顾客都满意也许很难。
- 听说家庭园艺、家庭菜园很受欢迎。自己动手的话，不是可以找到乐趣和快乐吗？美食也一样吧，我们为大家提供一个可以调动味觉（五感），可以发现喜悦和乐趣的创作空间怎么样？

- 调动起人的视觉、听觉、嗅觉、味觉和触觉这五感，还能防止痴呆症，并且还可以丰富心理活动。
- 美味肯定是饮食世界中的顶点。不过我们还可以在餐具、在店内氛围上也追求“美味”啊。
- 还可以品尝人生“美味”呢。要说人生，那可是多姿多彩的。

第 6 步　谨记终极理想状态

今后 60 多岁的人是在比较富裕的年代出生的，所以他们已经拥有了各种各样的生活体验。我们要做的是开发出让这样的人也能够满意的、未知的美味。不仅仅限于饮食，还要向人们提供可以体验人生美好的时空。

思路一经打开，进一步激发出了小组成员们的新想法：“‘美味’这玩意儿，并不单单是满足欲望。只是贪图一时的快乐，并不能丰富人们的心灵。我们应该重新思考‘美味’的定义。”

“培育丰富的心灵”这种语汇，大多是面向孩子们使用的。而面对成人，就不限于培育丰富的心灵了。很多成人尽管年龄不断增长，却依然具有嫉妒、贪婪的心性。让更多的成年人拥有一颗丰富、平和的心，才能够使下一代培育起丰富的心灵。小组成员就这样开展起了更加深入的讨论。

请大家注意，重要的在于必须时时刻刻把“终极理想状态”放在自己的心上。

第7步 创建有想法的“未来货架”

在设计未来的过程中，会产生新的观念，请把这个新观念放到“未来货架”上。这个五人小组即是这样，把诸如①具有终极理想状态的“人生美味创造馆”、②有可能实现的理想状态“发现美味工作室、风味咖啡屋、美味吧”以及③可以立即实行的理想状态“美味餐厅——套餐或零点汉堡包专卖店”等几十个方案放到了未来货架上。

在实际操作上，方案各放在货架的哪一层上，一目了然。最理想的状态就是不偏不倚，即每一层都均匀放着各种各样的方案。顺便提一句，在企业实际操作时，以展开目的为首，需要反复进行这个过程，得出的新观念数量单位应该以百位或者千位计数。

当方案不能脱离汉堡包专卖店这个限制时，就不必一定强行摆脱汉堡包这一概念，经营一家“顾客可以自己组合美味套餐的汉堡包店”就可以了。这时，只需把它作为“可以实现的理想状态”

或者“可以立即实行的理想状态”放到货架上就够了。不过，这就需要你不断地思考下一个方案，时刻在心中想着脱离汉堡包的理想状态了。

第8步　系统模型，构建整体流程

从“未来货架”上选取目标观念，用“系统模型”构建起整体流程。这就是把未来变为确切的“物”的手法。

五个人把“发现美味工作室”选为目标观念，并思考了系统模型。

（1）目的是“为了发现美味的组合套餐”。

（2）输入“没有发现美味组合套餐的60多岁的人”。

（3）输出“发现了美味组合套餐的60多岁的人”。而且，有必要采取措施避免出现输出“食物中毒的人”等情况。

（4）是给系统输入“发现美味工作室”。

完成步骤（4）后，要想象下面的步骤。

①根据此时的环境氛围，选择自然派、都市派、日式风格、西洋风格、异国情调等房间。

②就座后，与台式电脑（或者店员）对话。按照菜单指示表明自己想吃的东西和今天的心情后，瞬间，你喜欢的

食谱就会一一显示出来，供你从中选择了。根据这种独创的程序，来店的顾客就可以按照自己的喜好和心情自由自在地选择、组合食物和口味了。

③ 向各种组合挑战后找出称心如意的、可口美味的顾客，可以像在酒馆、饭馆里寄存没有喝完的酒一样寄存一样东西。不同之处在于，在这里寄存的是属于“自己的美味”。

顺便说一下，电脑终端所记录下的信息也是店铺经营方的重要信息源。开展“绝妙口味组合竞赛”，当选的优秀组合就可以添加成新的食谱。也可以组织来店就餐的顾客进行发现新口味比赛，使顾客参与研制绝妙的、令人感动的美味，这样就可以建立起一个不断推陈出新的经营结构。

（5）环境设定为“目标人物位于距店铺开车 5 分钟之内的建筑”，并且根据楼层的不同而改变形象。

（6）人员媒介主要培养厨师、店员，以及专业美食电视节目制作人，还有必要集结起专门的教育人员。

（7）物体媒介就是厨房设施、厨具、冰箱和台式电脑。

（8）信息媒介，如广告、特别食谱、美食检索软件等，只要抓住为实现目标应该干的事情就行。

实际操作时必须十分细致，需要像“制定美味食谱系统模型”那样，制定一个辅助系统。

第 9 步　以最少的信息创造最优解决方案

按照传统模式思考汉堡包专营店的新型形态时，你肯定是首先调查现状。但是，如果明确了设定环境、目的和理想状态，你就可以摆脱盲目调查和大量信息的束缚了。

在第 5 章已经解说过了，收集信息关键有两点。①用“目的”把信息，即从书籍和网络等收集到的冷信息穿成串儿。②运用人际关系网收集与目的“相适”的信息，即存在于人的大脑中的热信息。

五人小组有效地收集与“什么是美味”相关的过去和现在的信息的同时，向能够烹饪出美味的厨师和专家请教，着手美味研究。虽然过去的信息和数据化信息也十分有用，但是我们今天需要的是为顾客提供以前没有出现过的美味，这就需要最大限度地运用热信息。不只是向专家请教，还要针对目标年龄层的人们进行问卷调查、召开品尝会等。这时，就需要创建一个可以进行共鸣式创造的平台——环境，使相关人员共同参与、共同策划。只有这样做，才能够积极、持续地收集到符合顾客需要的有用信息。

经过这样一连串的运作，我们就可以明确地收集对开店铺必不可少的开发“美食检索软件”的相关信息，可以积极地收集与店铺用地、室内装修、餐具、烹饪材料等相关、相适的信息了。

第10步　继续变革，掌握新型思维法

最后一步，这个五人小组瞄准了“未来货架”的最上一层，决定每周召开一次“未来创造会议”，使干部、厨师、店员和顾客都加入进来。

一定要经常充实“未来货架”，要瞪大眼睛注视社会的变化，迅速制定相应的措施。因为一旦取得了成功，其他公司就会立即跟风模仿。所以，必须建立起一个总是比其他公司先行一步的企业机制。另外，还必须制订一个使干部、员工都能够掌握7星思维习惯的教育计划。最为重要的一点在于“继续变革”。

很遗憾，很难用文字表达出所有的一切。不过，还是可以把“共鸣式创造”的形象多少表达出一些来的。听了某个人的发言之后，别人发言时就要丰富这个人提出的形象。与之相应地问上一句“这样表现怎么样”，一点点地补充、丰富、完善，从而构成整个方案。在一次次重复的过程中，想法就会逐步成熟起来。前面讲的例子也一样，每一个现象都不是互不相关的，请大家务必注意思维的整个过程。

即便是使用相同的语言和表现也可以，经过大家描绘形象、丰富内容，最终是会转化为成果的。即便是同一个题目，由于讨论成员的不同，得出的目的和想法也会发生变化。就算是同一个人也一样，到了明天早上，他的想法说不定也会改变。不断地重

复这样的“共鸣式创造”，就能够获得真正的、可行的答案。

因为语言可以在很大程度上左右结果，所以只有丰富语汇、提高描绘形象的能力，才能够产生出划时代的伟大目标。最初，几乎所有人都会对自己的语汇贫乏感到困惑，不过当你习惯于运用类义语词典时，就能够享受思考的快乐了。做到这一地步，对于以前熟视无睹的事情，你也能够看到它新鲜光亮的一面。无论做什么事情，无论去哪里，所有的一切都将成为你思考的种子。

最后再说一句，“共鸣式创造”并不一定非要很多人在一起才能够完成。一个人思考时，只要像五个人那样在脑子中不断地提问就可以了。

7 星咖啡时间

以金钱为目的无法培养出 7 星思维习惯

某村有位卖豆包的老乡，觉得豆包的销售行情不太好。于是，他就去请教村里的智者、德高望重的长老。长老问他："你为什么要卖豆包呢？""我想多攒点钱啊！"老乡回答说。注视着这位老乡，长老摇起了头。请大家想一想，老乡有什么地方不对劲儿吗？

解答

攒钱不是"目的"，只是"结果"而已。

所谓结果，在进行什么或者发生什么的情况下，指的是受到这件事的影响，下一步会产生什么？比如，对公司而言，"提高利润"并不是目的，也只是个结果。大家注意到了吧？目的和结果很容易被混为一谈。

举例说，如果医院的院长以增加来医院就医的患者为目的的话，就很有可能在医院内努力"制造"患者。换句话说，你愿意去一所致力于开发使"健康人进医院体检就变成患者体制"的医院就诊吗？

"快来买我的豆包吧，我要多多地攒钱。快来买吧！"当遇到那位高声叫卖的老乡时，估计你不会买他的豆包吧？ 如果他换一种吆喝的话，"快来品尝吧！ 独家秘传，精心制作的豆包！ 大家都来品尝吧，刚出锅的、萱腾热乎的豆包！"这时，他的目的就转换成了"提供独家秘传口味的"、"大家一起品尝的热乎乎的豆包"了。

后记
告别“杂乱无章”

杂乱无章，指的就是许多人总是陷于被动式思维习惯，艰难而有气无力地走在茫然没有尽头的路上。正因为我们前进的道路上有许多石子，坑洼不平，所以要想达到终极目标极其艰难。不过，至少有一些人，他们希望与众不同，希望有所改变……他们正抱着自己的想法，摸索着前进的道路。

但是，大家想清楚为什么道路“极其艰难”了吗？ 为什么是“哪怕只有一点点的不一样”也好呢？ 你想过“根据什么就限定了自己的能力”这个问题吗？当前的状态真的就是你的极限吗？是不是过去的成绩和现在的状态告诉你达到终极目标“极其艰难”呢？

如果从“理想状态三角形”的底部开始思考的话，那么你要想到达最上边的顶点，的确遥不可及。所以，你就认为自己肯定不能到达那个顶点吗？心里想着过去的事实，你是不是正在暗自嘀咕，“不行啊，那城墙太高了。”其实正是这样的思维习惯，强行把你拉回到了那条杂乱无章的街道。

不过，在你面前当真竖立着一堵不可逾越的高墙吗？你确认存在着这堵墙吗？

多年来，我一直从事指导“学习突破性思维法”的工作，最大的感受就是“人所具有的可能性，大得不可估量”。**即便是同一个人，当他改变了思维方式之后，就有了另外一种面貌，以前无法解决的各种问题现在则迎刃而解了。**每当看到这样的情形，我总是会感叹，人类怎么就不能充分发挥出他潜在的能力呢？对于新型思维习惯法，并不是你只要知道这个名词就够了，而是必须牢牢地把它刻在你的大脑之中，让新型思维法像发动机那样运转起来，直到你能下意识地运用，才能作为你的本领发挥出功效。

在步入那条长长的、没有尽头的、“杂乱无章的街道”之前，一定要掌握新型思维法。衷心希望你能够成为一名众望所归的希望之星，能够成为一名担负着未来的、闪耀着7星光芒的商业精英。

日比野省三

一切为了您的阅读价值

★ 您知道自己为阅读付出的最大成本是什么吗？

★ 您是否常常在读过一本书后，才发现不是自己要看的那一本？

★ 您是否常常发现很多书都是一时冲动买下，至今一字未读？

★ 您是否常常感慨书的价格太贵，两百多页，值四十多元钱吗？

阅读的最大成本

读者在选购图书的时候，往往把成本支出的焦点放在书价上，其实不然。

时间才是读者付出的最大阅读成本。

阅读的时间成本=选择花费的时间+阅读花费的时间+误读浪费的时间

选择合适的图书类别

目前市场上的**图书来源**可以分为**两大类，五小类：**

1. 引进图书：引进图书来源于国外出版公司，多从其他语种翻译成中文出版，反映国际发展现状，但与中国的实际结合较弱，其中包括三小类：

a）**教科书：**理论性较强，体系完整，但多为学科的基础知识，适合初入门的、需要系统了解一门学问的读者。

b）**专业书：**理论性、专业性均较强，需要读者拥有比较深厚的专业背景，阅读的目的是加深对一门学问的理解和认识。

c）**大众书：**理论性、专业性均不强，但普及性较强，贴近现实，实用可操作，适合一门学问的普通爱好者或实际操作者。

2. 本土图书：本土图书来源于中国的作者，反映中国的发展现状，与中国的实际结合较强，但国际视野和领先性与引进版相比较弱，其中包括两小类，可通过封面的作者署名来辨别：

a）**"著"作：**大多为作者亲笔写就，请读者认真阅读"作者简介"，并上网查询、验证其真实程度，一旦发现优秀的适合自己的作者，可以在今后的阅读生活中，多加留意并了解。

b）**"编著"图书：**汇编了大量图书中的内容，拼凑的痕迹较明显，建议读者仔细分辨，谨慎购买。

阅读的收益

阅读图书最大的收益，来自于获取知识后，**应用于**自己的**工作和生活**，获得品质的**改善和提升**，油然而生无限的**满足感**。

我们出版的所有图书，封底和书脊都有“湛庐文化”的标志

并归于两个品牌

找“小红帽”

为了便于读者在浩如烟海的书架陈列中清楚地找到我们，我们在每本图书的书脊上部 47mm 处，全部用红色标记，称之为——小红帽。同时，“小红帽”上标注“湛庐文化”字样，小红帽下方标注所属图书品牌名称。

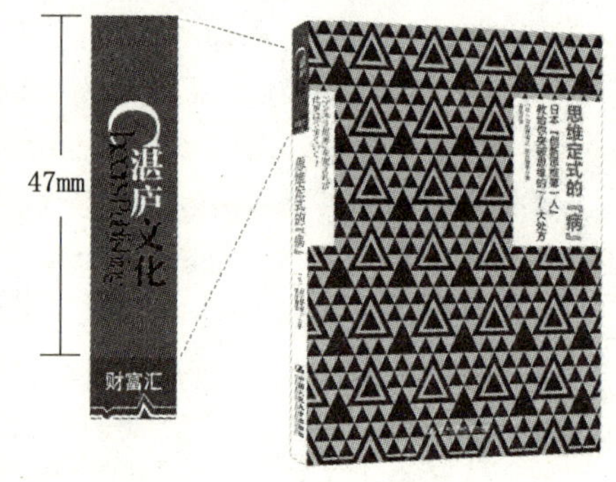

湛庐文化主力打造两个品牌：**财富汇**，致力于为商界人士提供国内外优秀的经济管理类图书；**心视界**，旨在通过心理学大师、心灵导师的专业指导为读者提供改善生活和心境的通路。

用轻型纸

您现在正在阅读的这本书所使用的是轻型纸，有白度低、质感好、韧性好、油墨吸收度高等特点，价格比一般的纸更贵。

关注阅读体验

我们目前所使用的字体、字号和行距，是在经过大量调查研究的基础上确定的，符合读者阅读感受。每页设计的字数可以在阅读疲劳周期的低谷到来之前，使读者稍作停顿，减轻读者的阅读疲劳，舒适的阅读感觉油然而生。

所有的一切都为了给您更好的阅读体验，代表着我们“十年磨一剑”的专注精神。我们希望湛庐能够成为您事业与生活中的伙伴，帮助您成就事业，拥有更为美好的生活。

湛庐文化 Cheers Publishing

湛庐文化2008-2011年获奖书目

《牛奶可乐经济学》

国家图书馆“第四届文津奖”十本获奖图书之一，唯一获奖的商业类图书。

搜狐、《第一财经日报》2008年十本最佳商业图书。

用经济学的眼光看待生活和工作，体验作为“经济学家”的美妙之处。

《大而不倒》

《金融时报》·高盛2010年度最佳商业图书入选作品。

美国《外交政策》杂志评选的全球思想家正在阅读的20本书之一。

蓝狮子·新浪2010年度十大最佳商业图书，《智囊悦读》2010年度十大最具价值经管图书。

一部金融界的《2012》，一部丹·布朗式的鸿篇巨制。

《金融之王》

《金融时报》·高盛2010年度最佳商业图书。

蓝狮子2011年度十大最佳商业图书，《第一财经日报》2011年度十大金融投资书籍。

权威透视国际金融界大佬在大萧条中的群像著作。

一部优美的人物传记，一部独特视角的经济金融史。

《富可敌国》

蓝狮子·《第一财经日报》2011年度最佳金融商业图书。

《第一财经日报》2011年度十大金融投资书籍。

源自300个小时的真实访谈，一部权威的对冲基金史。

《认知盈余》

2011年度和讯华文财经图书大奖。

看“互联网革命最伟大的思考者”克莱·舍基如何开启无组织的时间力量。

看自由时间如何成就“有闲”世界，如何引领“有闲”经济与“有闲”商业的未来。

《微力无边》

2011年度和讯华文财经图书大奖“最佳装帧设计奖”。

中国最早的社会化媒体营销研究者杜子建首部作品。

一部微博前传，半部营销后传。

《神话的力量》

《心理月刊》2011年度最佳图书奖。

在诸神与英雄的世界中发现自我，当代神话学大师约瑟夫·坎贝尔毕生精髓之作。

《facebook效应》

《金融时报》·高盛2010年度最佳商业图书入选作品。

蓝狮子·新浪2010年度十大最佳商业图书，《新智囊》2011年度最具价值十大经管图书。

首度公开facebook非凡创业的26个细节，马克·扎克伯格及40多位核心高管倾情讲述。

《真实的幸福》

《职场》2010年度最具阅读价值的10本职场书籍。

积极心理学之父马丁·塞利格曼扛鼎之作，哈佛最吸引人、最受欢迎的幸福课。

《绕着大毛球飞行》

蓝狮子·《职场》2011年度最佳职场图书。

畅销13年的职场创意手册，贺曼贺卡公司创意总监倾情之作。

延伸阅读

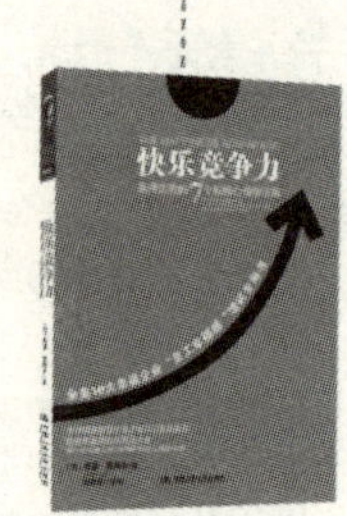

《快乐竞争力》

◎ 全美10大幸福企业"幸福感"培训专用书。

◎ 积极心理学领域最先锋的实践者，全球知名的潜能挖掘专家，哈佛幸福课的主要设计者，全球精英智慧分享大会TED演讲嘉宾肖恩·埃科尔倾情奉献。

《驱动力》

◎ 趋势专家、畅销书作者丹尼尔·平克集40年研究成果的最新著作，颠覆了传统的激励理念。

◎ 海尔CEO张瑞敏亲笔撰文，强力推荐。

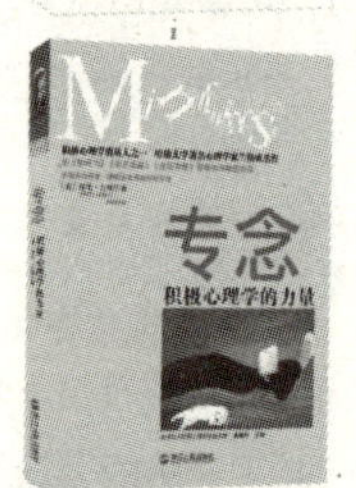

《专念》

◎ 积极心理学奠基人之一、哈佛大学著名心理学家兰格的成名作。

◎ 被《影响力》《追求卓越》《全新思维》等畅销书转载传颂，被权威书评媒体《书目》杂志评为一本划时代的巨作。

《至关重要的设计》

◎ 苹果前首席设计师、Kindle第一代设计者权威讲述伟大的设计如何俘获人心。

◎ 世界顶尖设计大师对于设计内涵与企业文化的精彩诠释：伟大的设计不只是参与游戏，而是重写游戏规则。

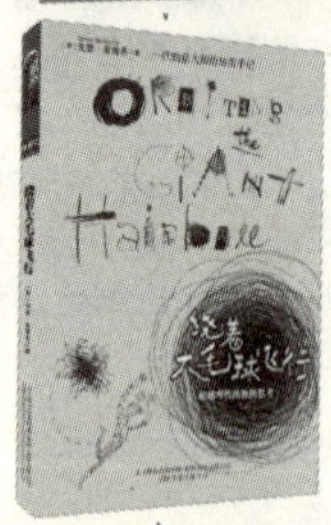

《绕着大毛球飞行》

◎ 贺曼贺卡公司的企业"圣人"、"创新悖论长"戈登·麦肯齐一生唯一著作，寻找工作的从容轨道。

◎ 连续畅销13年，被奉为"异类圣经"。

“MANNERI SHIKO” WO KAEREBA SHIGOTO WA UMAKU IKU!
by HIBINO Shozo/HIMOTO Ayaka

Originally published in Japan by DIAMOND, INC.,Tokyo.
Chinese (in simplified character only) translation rights arranged with DIAMOND,INC., Japan through THE SAKAI AGENCY and BARDON-CHINESE MEDIA AGENCY

图书在版编目（CIP）数据

思维定式的“病”/（日）日比野省三，（日）斐元绫香著；张哲译．—北京：中国人民大学出版社，2012

ISBN 978-7-300-16104-4

Ⅰ．①思… Ⅱ．①日… ②斐… ③张… Ⅲ．①经济学－思维方法 Ⅳ．① F0-05

中国版本图书馆 CIP 数据核字（2012）第 146686 号

本书法律顾问　北京诚英律师事务所　吴京菁律师
北京市证信律师事务所　李云翔律师

思维定式的“病”

［日］日比野省三
斐元绫香 著

张哲　译

Siwei Dingshi de “Bing”

出版发行	中国人民大学出版社		
社　　址	北京中关村大街 31 号	**邮政编码**	100080
电　　话	010–62511242（总编室）		010–62511398（质管部）
	010–82501766（邮购部）		010–62514148（门市部）
	010–62515195（发行公司）		010–62515275（盗版举报）
网　　址	http:// www. crup. com. cn		
	http:// www. ttrnet. com（人大教研网）		
经　　销	新华书店		
印　　刷	北京中印联印务有限公司		
规　　格	170 mm × 230 mm　16 开本	**版　　次**	2012 年 8 月第 1 版
印　　张	13.25　插页 2	**印　　次**	2012 年 8 月第 1 次印刷
字　　数	130 000	**定　　价**	39.90 元

湛（zhàn）**庐**（lú）

铸剑大师欧冶子『十年磨一剑』，炼就了『天下第一剑』湛庐剑。

——《吴越春秋》记载